BANZHUREN BINGFA 3

万玮 著

班主任兵法3

——震撼教育36计

教育科学出版社

·北京·

目 录
Contents

高峰体验策略

后记

前　言

很偶然地，我在一位网友的博客里看到一篇文章，那是他参加一个报告会之后的听后感。这篇文章的第一句话是："我发现，如果一个人长得很难看，他通常都是有一点真才实学的。"

那个报告的主讲人是我。

一个人长得不好看并不是他的错，然而，当有一天他意识到这一点时，他难免还是会有些心理创伤的。无论你怎么安慰他，他对着镜子一看，伤口又疼了。最好的做法就是不去想这件事，要么，就去做整容。整容也不是万能的，还要冒着被毁容的风险。

而那些长得好看的人也并不见得就幸运。在条件相同的情况下，一些单位的招聘负责人宁肯录用长得难看一些的员工。他们的理由是，长得难看的人会更专注于专业的提高，也更稳定。

我的观点是，每一个人都会有一些与生俱来的困扰，只不过有些人的困扰其他人看得见，有些人的困扰其他人看不见。愈是那些外表光鲜的人，愈是有常人无法察觉的隐痛。我相信，上天对每个人是公平的。

这本书讨论的问题与此有关，当很多人把教育描述得如童话般美好、如繁星般灿烂时，我却更关注其残酷与缺憾的那一面。就好像，你祝愿我过完美的一生，可我生下来就不好看，我怎么过完美的一生？然而，人生也正是由于这些不完美才变得美好，因为有了失去，我们才更加珍惜我们所拥有的一切。

我的耳边仿佛又响起罗大佑的《童年》："总是要等到睡觉前/才知道功课只做了一点点/总是要等到考试后/才知道该念的书都没有念……"

书中所描述的现象是客观存在的，它并不是我的错觉。在真实的世界里，它可能仅占十分之一，甚至百分之一，但却是教育万花筒中不可或缺的一部分。相信读者会作出自己的判断。

和每个人一样，我也渴望得到别人的肯定，我也希望被别人欣赏。在我孤独的时候，我希望感受到别人的关注与问候；在我失落的时候，我需要得到别人的鼓励与支持。生活很残酷，我们需要温情。幸运的是，震撼并不是教育的目的，它是为了更美好的目标，尽管它可能让我们痛苦，但那只是暂时的，那是阵痛。

感谢每一位读者对我的支持，无论是肯定还是批评，它们都是上天对我的眷顾。

万 玮

2010 年 4 月

上篇
什么是震撼教育

说教之所以最没有用处，其原因之一就是它是普遍地向所有一切的人说的，既没有区别，也没有选择。

——卢梭《爱弥儿》

我对两种对立的教育方法思考过好多次：一种是人们力求保持学生的天真，将天真与无知混淆起来，认为避开被认识的恶不如避开未被认识的恶；另一种是待学生一达到明白事理的年龄，除了那微妙的叫人害羞的事以外，就勇敢地把恶极其丑陋地、赤裸裸地给他看，让他痛恨它、避开它。我认为，应当认识恶。

——巴莱拉《佩比塔·希梅尼斯》

1. 震撼是人生的规律

今天很残酷，明天更残酷，后天会很美好，但绝大多数人都死在明天晚上。

——马　云

贺兰山岩羊

那天看央视科教频道，一个动物节目吸引了我，说的是贺兰山岩羊的故事。在 1983 年以前，由于大肆捕猎，贺兰山岩羊数目直线下降，跌到了 1800 只以下。1988 年起当地政府对贺兰山自然保护区进行全面禁伐禁猎，岩羊的数目迅速上升。现在，已经达到约 1.2 万只，平均每平方公里 11.5 只，已接近环境的最大容纳量。岩羊数量的增加导致草场退化，生态失衡，科学家们已开始考虑如何控制岩羊数量无节制增加的问题了。

电视片的编导同时意味深长地讲了另一个美国野鹿的故事。20 世纪初，在美国西部落基山脉的凯巴伯森林中约有 4000 头野鹿，同时，有一群狼与它们生活在一起，并以捕杀野鹿为生。1906 年，美国人开展了一场除狼运动，到 1930 年总共枪杀了 6000 多只狼，狼在这一地区绝迹了。本以为这对野鹿来说是一件好事，没想到却成了一场灾难。由于没有威胁，鹿群迅速膨胀到 10 万只，它们吃光一切可食的植物，不但使得其他以植物为食的动物数量锐减，而且自身也陷入绝境。到 1942 年，凯巴伯森林中的野鹿数量降到了 8000 头，且多数是病弱者，鹿群严重退化。美国政府后来终于意识到自身的错误，在 20 世纪 70 年代制订了"引狼入室"计划，1995 年得以实施后鹿群又重新恢复了生机。

对一个物种的关怀善举竟然导致了这个物种的退化！这个结论迅速占据了我的心头，让我有点心惊。

想起那天我在车里听广播，一个关于高考恢复 30 周年的节目。一位作家写了一篇回忆文章，讲高考恢复后第一批进大学读书的学生，彻底改变了大学的面貌，他们那种对知识的贪婪吸取程度，让每一个老师都备感压力，那种从早读到晚的读书盛况，充满了每一所大学校园。作家说他住的宿舍上下铺 10 人，他觉得自己读书已经很用功了，但总是考不过其他人，后来仔细观察，发现晚上 11 点熄灯之后，其他人一开始都老老实实假装睡觉，但是过了一会儿又偷偷拿出手电在被窝里看书复习到凌晨三四点。作家大呼上当，于是开始效仿，成绩很快赶了上来。

而今 30 年过去了，这样的一种读书场景在现在的哪一所大学里还能找得到呢？

"二战"之后的 1947 年，美国有许多军人退伍之后无法安置，政府于是降低门槛让他们进入大学"深造"。这批军人的文化基础是很差的，但正是这批人，成了美国历史上读书最用功的一批大学生。由于经历过战争的残酷与险恶，他们倍加珍惜这来之不易的读书机会，其中的许多人后来都成了美国各行业的支柱人才。

而在和平年代，这样的一批发愤读书的学生只怕是很难再出现了。

缺少大师的时代

这是一个没有大师的时代，我们都不免为此感到悲哀。大师的产生需要诸多条件。有人说，大师需要有极高的天赋，需要经过千载难逢的机缘的催化和激发，再辅之以后天恰到好处的教育、引导，以及个人持之以恒、超越常人的不懈努力，才可能出现。我相信，就在我们这个时代中，一定有人具备成为大师的天赋，但是却欠缺培育大师的土壤，因此，人们都倾向于变得普通、平庸。

读历史传记，尤其是大师的传记，我们会深刻感受到大师的与众不同。物理学的巨人爱因斯坦，死后没有坟墓，没有故居，也没有纪念馆。他曾经应邀到荷兰一所大学执教，要求有牛奶、饼干、水果以及一把小提琴、一张床、一张写字台和一把椅子即可。后来为躲避法西斯迫害，爱因斯坦移居美国，在普林斯顿大学任教。他可以拿该校16000美元的最高年薪，却只提出拿3000美元。他说："每件多余的财产，都是人生的绊脚石；唯有简单的生活，才能给我创造的原动力！"

我们身处的，难道不是一个在金钱和物质面前迷失自我的社会吗？吃好穿好还要住好，住了公寓还要住别墅。在大城市里，男孩要有房有车才能娶到称心如意的妻子，女孩宁愿成为剩女也不降低择偶的经济标准。人人都在为生活而焦虑。道德底线崩溃，享乐主义盛行，虚浮和浅薄不以为耻，反以为荣。

前不久读书，曾国藩的住房观，犹如兜头一盆凉水，让我这样为房而狂的现代人因之清醒。曾国藩说，居不可太大，合适即可。三口之家居七，乃穷居；居九者，即为绝居了。也就是说，如果家里只有三口人，而房间有七间，那么家运就会受到影响；如果达到九间，那就是绝途的住宅了。

科技文明给人类究竟带来了什么？我一直在思考这个问题。换句话说，人类在发展的过程中，究竟是进步了还是退步了？我们的未来将是一个什么情形？英国《卫报》的一篇文章说："莎士比亚没有黑莓，亚里士多德没有iPhone也过得很好。基督教在没有博客的年代传向全球，耶稣在山上训诫时没有用上广播和PowerPoint做展示。我们所有的科技对快乐生活来说，完全没有必要。"[1]

这年头，美国的灾难大片越来越受到大家的热捧，我想，那是因为人类在改造自然越来越得心应手的同时，也越来越感受到自身的弱小，对于灾难的恐惧也就越来越深，从千禧年的世纪末狂欢，到对2012玛雅大预言的忧虑，无不如此。恰好读到一篇文章，让身为教育者的我为之警醒。

富裕孩子与草本植物

夏天躲在空调的恒温里和冬天缩在羊绒被里的富裕孩子，他们的生物学气象温度跨度很小，约摄氏16°~26°，计10度；而春夏秋冬，小区楼道外草坪里的任何一款草本植物，以南方为例，气象温度跨度却很大，约摄氏-4°~42°，足足近50度。

更复杂的含义还在于，气象温度跨度大的生物，感受到的世界的细枝末节，要比跨度小的生物丰富得多。而对世界细枝末节的了解，会直接影响人的想象力和创造力。譬如，童年目击过毛巾结冰后变成硬条状的医生，他一定会在输血前叮嘱护士不要忘了把血库里的血解冻到常规温度；譬如，善于用鼻子闻取水龙头发出来的黄铜气息的作家，他的推理小说或情绪小说中的人物会更具技术性、逻辑性和下意识；譬如，看见过马路上大雪纷飞行人稀少热心肠人却更多的行政官员，会在一项宪法修正案中，坚持人心向善的观点，并在管理城市时，更善于使用危机公关的策略。

一个人能否成为领袖型人物，很重要的一点是，取决于这个人感知事物的方式，以及对这个事物感知的程度：是"人"一个字，还是"人、

---

[1]言论 [J]. 读者，2010 (6)：17.

人文、人的生存方式"9个字，还是感知"人"的全部"细枝末节"，包括"人的生理性、心理性、变异性"等。

美国生物学家霍夫曼做过一个实验，结果显示，人对气象温度跨度大小的耐受力，最终还将决定人类种群的遗传能力——也就是说，人的生存方式越优越，人的遗传能力将越弱，在遭受自然灾害这一点上，越不堪一击——这也正是专家和学者在反复思考的一个命题：人类文明究竟对人类发展贡献了什么，抑或是毁灭了什么？[1]

这篇文章似乎为富不过三代提供了科学依据。我不是社会达尔文主义者，但我深深赞同这篇文章的观点。气象温度跨度小不仅是富家子弟的问题，更是这个时代的孩子所共同面临的问题。一方面，这和气候的变化有关，也和科技的发展有关；另一方面，是不是和我们的教育主张有关？我们在物质上给孩子的那些关怀是不是反而葬送了他们更全面、更深入地感知这个世界的可能？

这是一个大问题。

动植物对环境的适应

在冰天雪地里，人冻得发抖，如果不能很快得到供暖，几乎必死无疑。动物就厉害多了，马、狼、熊等只是依靠自身的皮毛，就足以抵御极为寒冷的天气。据说，帝企鹅能在零下 70 摄氏度的严寒中存活；鲸则有一层包裹整个身体的厚重脂肪外衣，叫做鲸脂，重量竟能够达到体重的一半！

---

[1]何鑫业. 富裕孩子与草本植物［J］. 思维与智慧，2009（18）：43.

沙漠中的生存条件也十分残酷。那些在沙漠中生长的植物也与普通植物不一样。最特别的就是它们强大的根系，根深和根幅都比株高和株幅大许多倍，并且向四面八方扩展得很远。我想如果我们有透视功能，可以看清地下的话，那株植物的地上部分和地下部分将会构成怎样一幅壮观的图景！

生长的力量是强大的。美国麻省阿默斯特学院的科学家曾经做过一个实验，用铁圈将一个小南瓜箍住，并测量铁圈承受的压力。起初，他们估计南瓜所能施加给铁圈的最大压力是226.8千克。然而，他们很快发现自己错了。到了第二个月，仪器的数字就达到了680.4千克，南瓜仍在生长，没有破裂。到了907.2千克的时候，科学家不得不加固铁圈，以防它被南瓜撑开。

最终，南瓜在压力达到2268千克的时候破裂了。此时的南瓜已经成了一个可怕的"怪物"。它的根须向全方面伸展，到达了整个花园土壤的每一个角落，根须总长超过24384米。而它的内部也充满了坚韧牢固的纤维层，根本无法食用。

企业管理者常常用这个故事来对员工进行培训。管理者应该向员工施以一定的压力，以激发他们的潜能。如果下属工作状况不佳，那可能是压力不够大的缘故。在外部环境恶劣的情况下，南瓜的根会拼命往深处、广处伸展，以吸取足够的能量。人类也是类似的。多年前，我听说过一个故事，一对母子旅游登山，在一个悬崖处，儿子突然失足滑落，千钧一发之间，母亲用牙齿咬住了儿子的衣服，并被带下悬崖，双手紧紧地抓住一段树枝。当母子俩几个小时之后被人援救脱离险境时，母亲的嘴里满是鲜血，多颗牙齿松动。仅靠牙齿支撑儿子的身体重量达几个小时，常人难以想象，这不能不说是一个奇迹。

然而我们也必须注意到南瓜的最终结果，在抵抗压力的过程中，它的内部已经渐渐发生了变化，最终"变态失常"。因此，当我们强调用逆境来锻炼人的时候，也必须意识到逆境给人带来的心理变化。这种变化有坚韧的一面，但也有冷酷的一面。这是人文主义者不愿看到的。温柔、温情、温室使人舒适，但很可能使得人的"气象温度"跨度变小，严厉、严酷、严苛使人坚强，却可能把人变得气度狭小，脾气乖戾。这个世界上的事都是不完美的，我们无法两全，必须做出选择。很多时候我们就像钟摆一样，总是要在两个极端之间摆来摆去。

要看清的是我们现在正在摆向哪一方。

跨栏定律

一位医生在解剖遗体的时候发现，病人的两只肾脏比普通人大很多。这个病人是患肾病去世的。后来在心、肺等其他器官中也发现了同样的现象。医生因此得出结论，在与疾病抗争的过程中，这些器官代偿性地变得更强。

跨栏定律指的是一个人的成就大小往往取决于他所遇到的困难的程度。竖在你面前的栏越高，你跳得也越高。

2008 年北京奥运会火炬手和志刚小时候受到电击，失去了双臂。凭借坚强的意志，他不但学会了用双脚来料理生活，更是以口代手，练习写字，并成为享誉全国的口书书法家。和志刚多年前来过我所工作的上海市平和双语学校给全校师生作过一场报告，并当场题字"学会做人"，给师生以极大震撼。2010 年，平和高中部的学生去丽江进行社会实践，专门拜会了居住于此的和志刚老师，再次得到他的赠字"行胜于言"。

事实上，在各个领域，都可以见到这种代偿现象。例如，一些颇有成就的艺术家都有一些生理缺陷，盲人的听觉、触觉、嗅觉更加敏锐，失去双臂的人平衡感更强、双脚更灵活等等。

失去，其实是一种给予。拥有，也是一种失去。

因此，困难和挫折表面上看是消极因素，实际上正是由于它们的存在，人类才有不断前行的动力。

我是一名数学教师，在担任学校行政工作之后，仍然上一个班级的数学课。由于学校行政事务烦琐，我很难有时间在课后辅导学生，但是所教班级的成绩又必须保持在一个比较好的水平。怎么办？我不得不动脑筋，想办法，寻找一切可能的方法和途径，来弥补我辅导时间不足的问题。我发现教师讲得越多，效率就越低，于是我把教学的中心逐渐往学生身上转移。我更加强调对学生自学能力的培养，同时着重训练学生的学习习惯和科学的思维方式。我关注学生的学习兴趣，如果学生喜爱数学，那么，他课后会自己阅读相关的数学书籍，并且研究有趣的数学问题。我大胆尝试一些做法：一些章节尝试让学生做主讲；课后让学生写数学小论文；在班级里办数学小报；制定了很多加分措施，加分多的学生有一定的假期作业优惠奖励……这些做法取得了很好的效果，学生的学习热情高涨，思维空间得到极大拓展，学习成绩也非常不错。

试想一下，如果我有大把的时间可以给学生补课、做练习、面批，我可能也就不会绞尽脑汁想出这些方法了，除非我在积极进取的同时还有另外一个毛病——懒惰。

懒惰一向被视为人类进步的大敌，但是回顾人类的历史，所有的进步都出自懒汉们想少走几步的苦心。人类的祖先住在条件恶劣的山洞里，每次想喝水都要走到溪水旁边，于是有人尝试发明了水桶，每天只要搬运一次，一天都无须离开山洞。

一位名叫汉弗·波特的少年受人雇佣操作一台蒸汽发动机，他的任务是每当操纵杆敲下来，就把废蒸汽放出来。汉弗·波特不想把自己弄那么累，于是思考偷懒的办法。他在机器上装了几条铁丝和螺栓，这样阀门可以自动开关，他便无须坐在机器旁边，可以出去玩一圈。不但如此，发动机的工作效率还提高了一倍。汉弗·波特就这样发现了"往复式发动机的活塞原理"。

弗兰克·B. 吉尔布莱思是一位研究人类动机的学者，他常常把一些优秀的劳动者的工作场景摄制下来制成影片，研究他们的动作。他发现，最优秀的工人几乎都是懒汉，因为只有懒惰的人才会考虑如何用最少的操作最好地完成任务。也就是说，懒惰的人总是孜孜不倦地致力于工作效率的提高。

大文豪萧伯纳说，理性的人改变自己适应世界，不理性的人改变世界适应自己，而推动世界进步的人，正是那些不理性的人。

2. 生活中充满震撼

我没有路，所以不需要眼睛。当我能够看见的时候，我也会失足颠扑，我们往往因为有所自恃而失之于大意，反不如缺陷却能对我们有益。

——莎士比亚《李尔王》

丈夫的妙计

小的时候喜欢读上海的《故事会》，长大之后，其他故事基本上都忘了，唯独一则故事到现在记忆犹新。

故事是这样的。

一位丈夫陷入婆媳不和的困境中，非常苦恼。有一天，他对妻子说，你不是一直觉得我妈对你不好吗？我想好了，长痛不如短痛，不如我们一起把我妈杀死算了！妻子大吃一惊，不知道说什么好。丈夫接着说，你放心，我已经想好了一个办法，我过几天去外地出差，那边正好有一个朋友，能搞到一种国外最近研制的药，人吃了就会得心肌梗死，一点儿也查不出来是被人害死的。等我出差回来之后，我们就实施行动。不过，为了防止别人怀疑，在我出差的这段时间里，你要对我妈好一点，而且一定要让邻居知道，你们现在关系很好。

丈夫说完就走了。惊魂未定的妻子牢牢记住了丈夫的话，第二天很早就起床了，做好了早饭，请婆婆出来吃。婆婆一开始满腹狐疑，但是后来看媳妇一切正常，对自己真心诚意的好，也就投桃报李，主动帮媳妇打扫房间，洗晒衣物。如同恨一样，爱也是可以相互传递的。短短半个月的时间里，婆媳关系发生了惊人的变化，两人变得互敬互爱，邻居们暗暗叫奇。

半个月之后，丈夫回来了。吃完晚饭之后，回到房里，丈夫拿出一个小药丸，对妻子说，你倒杯水，把这个药丸放到水里，然后端给妈妈去喝，老家伙一喝就死。没想到妻子却跪下来说，千万不要！我现在知道我以前错了！妈妈是天底下最好的婆婆！原来，通过这半个月的"演戏"，妻子竟然假戏真做，与婆婆产生了深厚的感情，同时也意识到了自己以前的种种不是。

故事的结尾，丈夫会心地笑了。原来这一切都是他导演的一出戏。他对妻子说，放心吧，我怎么会毒死我的亲妈呢？这是一种补药，吃下去是补心的，去端给妈喝吧。

这个故事震撼了我。我实在想象不出居然可以用这样一种方法改变人心，我觉得那简直就是阴谋诡计，而且也过于弄险。然而，故事美好的结局也深深吸引着我，那时的我正处于青春期，开始思索人生的问题，也包括自己的婚姻。每每读到或听到有关婆媳关系不好，丈夫要了"小娘"不要老娘的事情，就生出一种义愤，暗暗发誓：若是自己遇到这样的媳妇，立马休掉！这个想法几乎没有任何犹豫，现在回想起来，这都是传统孝道熏陶的结果。小时候比较幼稚，以为世上的事非对即错。

长大之后，发现事情远不是那么简单。婆媳间的恩怨，常常无法用是非对错来衡量。每当我处在夹缝之中，便愈加体会到要改变一个人的想法难于上青天。婆媳间的矛盾客观存在，如果双方都做些让步，事情也不会发展到不可收拾，可是，如果双方寸步不让，那夹在中间的男人也许就不得不二选其一了。此时想起《故事会》里的那个故事，就禁不住暗暗称奇了。

生活是最好的老师

我以前有一个同事，年纪很大了，行事方式非常强悍。她一切以我为主，尽最大可能争取自己的利益，而丝毫不考虑别人的感受。比如说，当她上午第一节上完课之后，会立刻布置当天的作业，并且要求科代表在下午上课之前就将作业收齐交至她办公室，于是在接下来其他老师的课上很多学生不听讲而偷偷地做她的作业。再比如，班主任正利用班会课在教室里讲事情，她会突然拿着一份名单冲进教室，高声点一些考试成绩较差的学生的名字，并提出一些要求，而视尴尬且恼怒地站在一旁的班主任为无物。受她影响的老师们对她意见很大，有些人选择了容忍，有些人则会忍不住与她发生争执，她毫不退让。有一次，几个老师联合起来对付她，她气得跳起来，找领导告状。领导劝她，退一步海阔天空，何必事事都要斤斤计较呢？她回答说，年轻时因为太老实吃过亏，所以这一辈子不再让人。她把"人善被人欺，马善被人骑"奉为信条，无论谁的意见都听不进去，并且因为年长的缘故，常常倚老卖老，摆老资格。校领导也拿她无可奈何。

她的性情后来因为一件事情而戏剧性地发生了改变。

学校每年都会组织部分教师体检，那年轮到她。体检的结果非常糟糕，医生说她的某个部位长了一个瘤，需要进一步做检验确认；讲话的口气十分冰冷严肃，似乎连让她准备后事的意思都有了。听到这一消息，她感觉五雷轰顶，万念俱灰，短短几天，就苍老了许多。学校领导给她联系了本市最好的一家大医院去做进一步检查。从得知长了肿瘤到大医院的确诊结果出来，前后有半个多月的时间，她仿佛过了半辈子。检查的结果是虚惊一场，肿瘤是良性的，大医院做了一个小手术进行了切除，一切无碍。出院之后再回到学校，她像是变了一个人。为人处世再也不像以前那样争强好胜，而是恬淡平和。她自己后来写了一篇文章，发表在校园网上。她说，经过这场变故，她看透了生死，一旦看透了生死，以前那些她认为很重要的东西就都无足轻重了。她的性情发生了改变，一个小医院的一个不太负责的小医生的误诊改变了她的人生观。

作为她的同事，我庆幸她的转变，同时也更加深刻地理解了"祸兮，福之所倚；福兮，祸之所伏"的道理。我想起以前那么多领导和老师想尽各种办法去做她的思想工作，不但没有效果，反而招致怨恨，现在倒好，生活的一个玩笑解决了所有问题。

从一个教育者的角度来看待这件事，我看到了转变一个人的可能性。这是一个活生生的例子。当我们抱怨一名学生很难教育、一个人无法改变的时候，教育的可能性实际上是存在的，只是我们没有找到而已。

如果这位老师的遭遇是命运设计好的话，命运无疑是一位很好的老师，因为它在很短的时间之内，通过一系列安排，让这位老师感悟到了人生的道理，尽管这个老师有一些"另类"。

人生亦需另类教师

有一个故事总让我觉得有些意味深长。某个秋夜，寒风刺骨，冷雨斜飞，一位名叫约翰的中年人从纽约某剧院走出来，不由得打了一个寒战。这位中年人特别喜欢看戏，平时看完戏之后，他都是徒步回家的，可是在这个气温骤降的雨夜，他突然萌发了坐马车回家的念头。当时的马车是专为上流社会人群服务的，豪华、舒适而又悠闲。约翰向马车夫询问租价，马车夫说出的价格使他大吃一惊。他耐着性子与其讨价还价，马车夫不耐烦地说："租不起马车，你不是还长着两条腿吗？"马车夫的话深深地刺伤了约翰的心，在回家的路上，约翰一直在思考一个问题：

什么样的交通工具既能方便大众又价格低廉？一天，约翰又走上了纽约街头，街上的汽车川流不息，他立即想到了一个好主意——用汽车出租。因为汽车载客量大、价格又很便宜，于是世界上第一辆TAXI在纽约诞生了。不久，深受顾客欢迎的出租车风行全美、全世界。

世上的人都会赞扬约翰的不屈服于轻视，但我们会怎样对待马车夫呢？我想一般的人肯定会无情谴责他。在他看来，别人出的价格太低，马车夫觉得划不来，可以找个冠冕堂皇的理由加以拒绝，比如"我在等一位家人，不方便拉别人"，或"我身体有点不舒服，我必须马上回家"之类，良言一句三冬暖，恶语伤人六月寒呀！然而，马车夫不想做的事坚决不做，心里怎样想，嘴上就怎样说，让你绝了侥幸之心。如果他不是这样坚守自己的内心准则，约翰怎么会想到要用便宜的汽车做出租车呢？

世界上永远有两种人，一种人表面上礼貌、热情，极具绅士风范，但他的心永远包裹在一层雾中，你哪怕与他相交几十年，也不知他在想什么；一种人外表粗鲁、尖刻，说话不留余地，非常不讨人喜欢，但他的心是透明的，与这种人打交道，你会自发地产生一种改变自己、对他刮目相看的愿望。

文明教育的一个好处是让我们学会了爱、宽恕、体谅，学会了以一种可以被人接受的方式出现在别人的生活中，给他人带来愉快和满足；但文明一旦被心术不正的人所操纵，又会成为虚伪的代名词。从这个意义上说，远在文明之外的马车夫实在是导引我们心灵的最好的老师。

生活需要温情脉脉，需要救人水火式的关切，但生活有时也需要一点轻视的冰霜、挫折的风雪，需要一块小小的信念和毅力的磨石，就像成功者约翰曾经经历过的那样。①

---

①游宇明. 人生亦需另类教师 [J]. 公关世界，2002（6）：17.

铅笔的原则

世界上培养出商界精英最多的高校是哪一所？不是哈佛，不是耶鲁，不是沃顿商学院，而是西点军校。据美国商业年鉴统计，"二战"后，在世界500强企业中，西点军校培养出来的董事长有1000多名，副董事长有2000多名，总经理、董事一级的有5000多名。任何商学院都没有培养出这么多优秀的经营管理人才。畅销书《没有任何借口》揭示了西点成功的秘籍。"没有任何借口"是西点军校奉行的最重要的行为准则，是西点军校传授给每一位新生的第一个理念。

在美国西点军校里有一个广为传颂的悠久传统，就是遇到军官问话，只能有四种回答："报告长官，是"；"报告长官，不是"；"报告长官，不知道"；"报告长官，没有任何借口"。除此以外，不能多说一个字。

从教育者的角度，对学员做出这样的规定，似乎极不人道。然而，比尔·盖茨在退休前给年轻人提了11条忠告，其中有一条是这样的：你所在的学校也许已经不再分优等生和劣等生，但生活却并不如此。在某些学校已经没有了"不及格"的概念，学校会不断地给你机会让你进步，然而现实生活完全不是这样。

比尔·盖茨作为年轻人的偶像，语重心长地提出这样的忠告，别有一番意味。看看我们身边的年轻人，普遍地浮躁、功利，不愿静下心来修炼，不肯吃苦，十年磨一剑对他们来说太漫长、太遥远。虽然说鼓励个性、尊重选择是大势所趋，但正如我们前面所述，我们早晚有一天要摆回来，重新思考集体、忍耐的价值。

铅笔的原则

铅笔即将被放进装运箱，制造者很不放心，把它带到一旁跟它说：在进入这个世界之前，我有 5 句话要告诉你，如果你能记得这些话，就会成为最好的铅笔。

1. 你将来能做很多大事，但是有一个前提，就是你不能盲目自由，你要允许自己被一只手握住。

2. 你可能经常会感受到刀削般的疼痛，但是这些痛苦都是必需的，它会使你成为一支更好的铅笔。

3. 不要过于固执，要承认你所犯的任何错误，并且勇于改正它。

4. 不管穿上什么样的外衣，你都要清楚一点，你最重要的部分总是在里面。

5. 在你走过的任何地方，都必须留下不可磨灭的痕迹，不管是什么状态，你必须写下去，要记住，生活永远不会毫无意义。

铅笔记住了这些话，最终成为运用最广泛的书写工具。①

①李洪花. 铅笔的原则 [J]. 基础教育. 2006 (1)：59.

3. 教育中的震撼

儿童一旦懂得尊重与羞辱的意义之后，尊重与羞辱对于他的心理便是最有力量的一种刺激。

——洛克《教育漫话》

爱的层次

我常常想：教育者的爱如何才能收到最好的效果？

第一种是简单地奉献和给予，这种爱简单而直接。一对夫妻中年得子，十分疼爱自己的孩子，抱在手里怕摔了，含在嘴里怕化了，对孩子的要求百依百顺，还唯恐他不满足。这样的爱会得到什么结果，大家可想而知。捷尔任斯基说，父母溺爱和娇惯孩子，满足他们的任性要求，他们长大后就会堕落，会成为意志薄弱、自私自利的人。后来这个孩子长大之后任性胡为，最后锒铛入狱，父母追悔莫及。

恋爱中的人也常常会犯这个错误。我的一位朋友十分珍爱自己的女朋友，自己虽然收入并不丰裕，舍不得花钱，对女朋友却极其慷慨。女孩却并不珍惜，后来遇到更好的，毫不犹豫地抛弃男友而去。这样的例子并不鲜见。

第二种是帮助对方获得成功，这种爱也是一种给予，但给予的内容不是物质，而是精神层面的自尊与自信。一个男孩情绪低落，因为他被同学瞧不起，没有人愿意跟他玩。教师不是简单地安慰他，而是认真发掘他的优点，并且在班级里为他创设平台。在成功的体验中，男孩获得了极大的满足，对教师充满了感激。

有这样一个故事，一家医院的病房里同时住进了两个身患绝症的病人，一个来自农村，一个来自城市。来自城市的病人每天都有人来探望，家人、朋友、领导、同事，络绎不绝地提着慰问品来，说的都是温暖安慰的话，但像是例行公事。来自农村的病人由于家里离医院路途遥远，只有一个十几岁的男孩守护，他的妻子每隔十天半个月才能来一次。每次来，妻子都要和丈夫说很多家里的事情，谁家闺女出嫁了，谁家生孩子了，哪个亲戚的孩子要去城里打工，哪个亲戚的孩子要复读考大学等。妻子丝毫不把丈夫当成一个病人，许多自家的事，她都等着丈夫拿主意，然后她回去照办。

几个月之后，城里的那个病人在家人悲痛的哭声中去世了，农村的那个病人却奇迹般地活了下来，而且癌细胞得到了有效控制，连医生都感到惊讶。

第三种是创造际遇，让对方获得心灵的成长。这种爱有时显得含蓄而冷峻，当对方意识到这种爱时，看到的常常是施爱者悠长的背影。这种爱不温暖，不煽情，却更多地带来感悟。

我平时很少生病，偶尔一次陪家人去医院，心灵受到震撼和洗礼。医院里的每个人脸上都写着不安与焦虑，病人自不必说，家属不是行色匆匆，就是忧心忡忡。医生长期生活在这样的环境中，显得平静，也许还有一些冷漠。医院里每天都在发生很多的故事，这与外面的世界截然不同。有些病人已风烛残年，有些病人本是风华正茂的年纪，却形容枯槁。那时候我就想，早晚有一天我也会和他们一样，任凭时间来裁决。每每想到这里，那些郁积在心头的结就会一下打开。

后来我想，如果我是心理治疗师，我会尝试把病人带到医院里来。让他什么都不做，就坐在走廊的长椅上，看医院里的人情百态，一定会有感悟。病由心生，那些病人如果能早一些获得心灵的成长，健康可能会保持得更加长久，对生命中的人与事也会更加珍惜。

感化与震撼

教育的本质是什么,许多人却有各自的看法。这些看法不外乎促进人的自我实现、促进人的全面发展、激发人的潜能,简而言之——就是将人唤醒。教育的方式通常都是感化的、温情的、慈爱的,但是,这并不是说震撼不能成为教育的方式。所谓"感化",即用行动影响或善意劝告,使人的思想、行为逐渐向好的方向发展。而"震撼",即震动、摇动,表示对人心灵的影响大。感化是一种逐渐变化的过程,通常都需要较长的时间;而震撼通常追求的是瞬间的效果,在很短的时间内实现。感化的过程不是均匀发生的,而可以看做是一个分段的阶梯函数。就好像孵小鸡一样,孵了很久,蛋看起来好像还是没什么变化,突然有一天,小鸡就破壳而出了。在这里,我们把最后一刻发生质变时心灵的体验称为震撼。也就是说,感化的结果是震撼。如果没有震撼,感化的效果便无从体现;震撼的基础是感化,没有感化,震撼的结果就可能偏离教育的目标。

感化与震撼之间的关系可以用三组相对的概念来说明。

父爱与母爱

在中国传统社会中,父母扮演着不同的角色,通常父亲比较严厉,母亲比较慈祥,"严父慈母"是较为常见的中国家庭结构。

在《傅雷家书》中,傅聪回忆说,父亲傅雷对他要求非常严格,当父亲听到他弹琴的手停顿时,就冲上去,不问青红皂白地打他的手,所以傅聪的手经常是红肿的。傅聪成才后理解了父亲的一片苦心,但在情感上却很难接受父亲在他幼年时采取的这样一种激烈的方法。还好傅聪的母亲在傅雷严厉管教儿子时常常会起到一些缓冲作用,这保证了傅聪不至于太逆反。①

无独有偶，小提琴演奏家盛中国也有类似的遭遇。盛中国的父亲也是非常严厉的。即使在他的儿子已经很有成就时，他仍旧到音乐学院去监视儿子。有一次，父亲到音乐学院去看儿子是不是认真学习，结果上课时竟然找不到人。父亲冲出教学楼，看到儿子刚刚进楼，便不由分说上前打了儿子几记耳光。后来父亲才了解到，原来盛中国是一个非常懂事的孩子，他是利用课间偷偷去练琴了，父亲竟误解了他。盛中国的母亲回忆说，父亲就好像一个非常严酷的热力四射的太阳，她则好像蓝天的一朵白云投给孩子一片阴凉，结果孩子在这种传统家庭组合的教育下成才了。②

在《爱的艺术》一书中，美国学者弗洛姆理性地分析了父爱与母爱的区别。

弗洛姆说，母亲代表自然世界，是大自然、大地和海洋；父亲则代表思想世界，是法律、秩序和纪律等。母爱是无条件的、无私的、温柔的；相对而言，父爱是有条件的、理性的、严厉的。母爱从生理上和心理上给予孩子更多的关怀，使孩子有安全感；父爱指导孩子勇敢地面对困难，使其产生自信，摆脱对父亲的依赖而实现自立。③

简而言之，母爱是无条件的，孩子无论多大，无论在什么地方，母亲给孩子打电话，开头第一句话总是问吃饱穿暖了没有。而父爱则是有期望的，父亲总是要关心孩子的成长，学习怎样，工作如何。如果达到了期望，父亲则会展露笑颜；如果孩子表现不佳父亲就会表情严肃，心事重重。

我们通常实施的感化式教育有点类似母爱，而震撼教育更像是一种

---

①②金忠明，等. 衡山夜话 [M]. 上海：华东师范大学出版社，2000：419.
③弗洛姆. 爱的艺术 [M]. 刘福堂，译. 桂林：广西师范大学出版社，2002.

父爱。感化式的教育更强调一种付出，不求即时的回报甚至不求回报，这与母爱极其一致；而震撼教育则带有强烈的目的性，希望在尽可能短的时间内取得成效，其表现形式通常也比较严厉。于是，我们可以看到这样一种现象，母亲或者更倾向于付出母爱的教师，习惯用感化的方式教育学生；而父亲或者更倾向于付出父爱的教师，更加能够接受震撼教育。

渐悟与顿悟

中国传统文化中儒、释、道影响最大，而佛教流传到中国，经本土化后产生了一个独立的体系——禅宗。禅宗最初没有顿悟、渐悟之分，到了五祖弘忍时，他为了选弟子，特地召集众弟子，让他们各作一偈，其得意弟子神秀思虑再三，作出一偈："身是菩提树，心如明镜台；时时勤拂拭，勿使惹尘埃。"

众人皆称赞不已。不料，另一地位低下默默无闻的弟子慧能听到此偈后，也作了一偈："菩提本无树，明镜亦非台；本来无一物，何处惹尘埃。"[①]

这是禅宗史上一段非常有名的公案。

禅宗自此有了神秀北宗和慧能南宗之分。北宗主张渐悟观心，方便通经，借教悟宗；南宗主张顿悟心性，随缘任性，立地成佛。弘忍将衣钵传与慧能，成为六祖，南宗成为禅宗的正统。

"渐悟"是通过一个漫长的积累最后到悟的过程；而"顿悟"则是一个豁然开朗的瞬间，是灵感爆发的时刻。顿悟需要之前的、漫长的、渐悟的过程，没有渐悟也就没有顿悟。

有人向临济义玄禅师请教禅理，临济禅师便会以吓人一跳的吆喝来示机；而倘若有人向德山宣鉴和尚讨教的话，他往往抡起木棒就打，世

---

①袁宾. 千古禅灯 [M]. 北京：中国友谊出版公司，1993：149－151.

称"临济喝，德山棒"。① 临济之一喝，意在如迅雷利剑，截断你心中的葛藤，使你从迷失中觉醒过来，做自己的主人，独立地实现自己的意愿。至于德山一棒，也无非是要一槌打醒你的纷乱心思和虚妄想法。这种教学法，常会产生意外效果，使一些钻入牛角尖中的痴愚僧徒，于猛然一惊之中，心智豁然开窍。

楼子和尚一天偶然经过街市，在一家酒楼下整理衣裳，听见楼上有人唱曲"你既无心我也休"，忽然大悟，从此自称"楼子"和尚。②

茶陵郁山主一天骑驴过桥，突然桥板断裂，连人带驴一起跌下桥去，就在坠落的一瞬间，他忽然大悟。爬起来后，作偈一首："我有神珠一颗，久被尘劳关锁。今朝尘尽光生，照破山河万朵。"③

在这些例子中，禅僧平时渐悟的积累起了关键作用，否则，他也不会在一瞬间顿悟。科学发展历史上也有很多有名的故事足以说明，顿悟乃是"渐悟过程"的结果。如阿基米德发现浮力定律，就是一刹那间的灵感所致。但在灵感放出火花之前，他已经反复思考过这个问题，有了一个艰辛的积累过程。牛顿从苹果落地发现万有引力，也是一个著名的例子。再比如19世纪的德国化学家克库勒对于苯的结构百思不得其解，一天夜里，他在梦中梦见首尾相衔的蛇，一下子惊醒，马上在纸上画出了苯环的结构图。④ 在科学和艺术中，"渐悟"和"顿悟"有时候被另两个词——"积累"和"灵感"所代替。

感化与震撼的关系非常类似于渐悟与顿悟的关系。感化是一种渐悟的过程，震撼则是一瞬间的顿悟。曾经有人做过一个很有意思的调查：问儿童父亲好还是母亲好，大部分儿童都说是母亲；又问谁最烦，得票

①林新居，一味禅：月之卷［M］．北京：中国青年出版社，1994：50－52．
②林新居，一味禅：月之卷［M］．北京：中国青年出版社，1994：163．
③袁宾．千古禅灯［M］．北京：中国友谊出版公司，1993：76．
④韩文欣，梦中飞出灵感［N］．生活时报，1999－05－25（7）．

最多的仍然是母亲。我们所习以为常的现象是，一位母亲对子女的付出很长时间没有回报，有时候过多的关心反而让子女厌恶反感，但是，在子女长大成人的过程中，迟早有一天，他们会明白母亲的苦心，会突然"顿悟"而感动。也就是说，持久的感化在适当的情境下会引发震撼。

赏识与挫折

将赏识的概念应用到教育中并大力倡导的人是周弘。对于赏识的本质，周弘曾在一次电视节目中做过一个比喻：我期望把孩子的人生当做跑道、赛场，我们家长就是拉拉队员，永远高喊"加油"，高呼"冲啊"。怎么喊都不会错，只要是发自肺腑的，不要装模作样。我对教育我的女儿，都是伸大拇指，她干任何事我的大拇指都是晃来晃去的。

人性中最本质的需求就是渴望得到赏识、尊重、理解和爱。周弘在《赏识你的孩子》一书中说，就精神生命而言，每个孩子都是为得到赏识而来到人世间的，赏识教育的特点是注重孩子的优点和长处，并使之逐步形成燎原之势，让孩子在"我是好孩子"的心态中觉醒。不是好孩子需要赏识，而是赏识使他们变得越来越好；不是坏孩子需要抱怨，而是抱怨使坏孩子越来越坏。①

今天，赏识已经成为一种普遍的教育方式，赏识改变了很多孩子的生命状态，使许多看起来平庸的孩子爆发出惊人的潜力，并最终成为有成就的人。

当赏识教育越来越成为共识和常态的时候，关于教育中是否需要惩罚以及如何实施惩罚的问题同时成为许多教师的困惑。

捷克著名教育家、教育科学的奠基人夸美纽斯认为：惩罚是必需的，学校没有惩罚犹如磨盘没有水。学生如果在犯错误的时候，教育者或视而不见，或轻描淡写，或隔靴搔痒等，就会打乱学生的心理平衡，使其

———

① 周弘. 赏识你的孩子 [M]. 成都：四川少年儿童出版社，2001.

侥幸心理得逞，使其放纵自己的错误行为，失去辨别是非的能力，这对其发展、成长是有害的。① 美国教育家和儿童学家詹姆斯·多布森说道："许多人犯罪，正是教师从未严格要求学生、制止学生的不良行为、教会学生控制自己冲动的结果，而且这些学生一部分也正是出自娇生惯养的家庭。"② 中国青少年研究中心副主任孙云晓更是大声呼吁："没有惩罚的教育是不完整的教育，没有惩罚的教育是一种虚弱的教育、脆弱的教育、不负责任的教育。"③ 在韩国，教育人力资源部在 2002 年 6 月公布了一项方案，方案允许"对违反学校纪律的学生，教师可以给一定程度的体罚"，并明确规定了体罚的对象、程度和方式，并强调"有分寸地打击一下孩子会收到令人满意的效果"。④

在马卡连柯看来，所谓"惩罚是培养奴隶"的观点，实际上是单纯从生物学、心理学角度进行的简单推论，惩罚虽然可能培养出奴隶，但也可以培养出自由和出色的人来。而"不用惩罚的教师才是良好的教师"的观点，只是那些不接触实际工作的"教育家"的看法，这会使教师无所适从，而且变得虚伪起来……所以他明确指出："凡是需要惩罚的地方，教师就没有权利不惩罚；在必须惩罚的情况下，惩罚不仅是一种权利，而且是一种义务。""如果教师的良心、教师的熟练技术和教师的信念说明他应该使用惩罚时，他就没有权利拒绝使用惩罚。"⑤

今天，绝大多数的教师都认可，在教育中，既需要对学生进行赏识，也需要通过适当的惩罚以给学生挫折教育，二者缺一不可。赏识的方式

---

①姚伟. 中外幼儿教育名著解读 [M]. 南京：南京师范大学出版社，2008：23.

②陈志华. 德育的新境界——"三治"[J]. 教书育人：校长参考，2006（10）：47.

③孙云晓. 没有惩罚的教育是不完整的教育 [J]. 中国青年报，2002 - 10 - 28（5）.

④徐志坚. 韩国：教师可体罚学生 [J]. 每日新报，2004 - 08 - 26（7）.

⑤马卡连柯. 论共产主义教育 [M]. 刘长松，杨慕之，译. 北京：人民教育出版社，1962：280.

比较温和，它类似于感化，使人轻松愉悦，带来积极的心理体验，而惩罚则一定会震撼学生的心灵。当我们承认"没有惩罚的教育是不完整的教育"时，我们也必须同时接受"只有感化没有震撼的教育也是不完整的教育"这一观点。

什么是震撼教育

1998 年 4 月，叶澜教授在云南师范大学参加由教育部主持的"教育系主任及面向 21 世纪高等师范教育改革计划项目开题会"时作了主题报告，其中有这样一句话："在当代，如果你的教育不能震撼学生的心灵，那么你就没有资格走上讲台！"① 遗憾的是，叶澜教授的讲话过去十多年了，中小学教师仍然受困于他们的教育不能触及学生心灵的窘境，更不用说能起到"震撼"作用了。

要说清楚什么是震撼教育，不是一件容易的事情。因为，对什么是教育，不同的人有不同的理解。

柏拉图说："教育是一种灵魂转向的艺术。"② 马克思、恩格斯说："教育是促进个人的独创的自由发展。"③ 爱因斯坦说："什么是教育？当你把受过的教育都忘记了，剩下的就是教育。"④ 蒙台梭利说："教育就是激发生命，充实生命，协助孩子们用自己的力量生存下去，并帮助他们发展这种精神。"雅斯贝尔斯说："教育是人的灵魂的教育，而非理性

①刘惊铎. 道德体验论 [M]. 北京：人民教育出版社，2003：279.

②柏拉图. 理想国 [M]. 台北：联经出版社，2004.

③马克思，恩格斯. 马克思恩格斯全集：第 3 卷 [M]. 北京：人民出版社，1985：39.

④许良英，等. 爱因斯坦文集 [M]. 北京：商务印书馆，1979.

知识的堆积。"哈沃德·加德纳说："教育是让孩子体验发现世界是怎样一回事，教育者在其中可以起到什么作用。"蔡元培说："教育是帮助被教育的人给他能发展自己的能力，完成他的人格，于人类文化上能尽一分子的责任，不是把被教育的人造成一种特别器具。"陶行知说："教育是依据生活、为了生活的'生活教育'，培养有行动能力、思考能力和创造力的人。"鲁迅说："教育是要立人。"秦文君说："教育应是一扇门，推开它，满是阳光和鲜花，它能给小孩子带来自信、快乐。"黄全愈说："教育'重要的不是往车上装货，而是向油箱里注油。'"福建的教育学者张文质说："教育最终成全的是人的解放。解放一个人就是要把他从各种障碍——偏见、暴政、歧视中解脱出来。"

湖南师范大学教授刘铁芳说："学生乃是有着与教师同样的独立人格和独特生命的个体性存在，学校教育不是技术化的训练，而是人与人的交往，是师生之间作为平等的个人的相互理解、交流、对话而实现师生生命的相遇相容，达到个体人格精神的积极建构。"[1] 国际 21 世纪教育委员会向联合国教科文组织提交的教育研究报告说，教育是"保证人人享有他们为充分发挥自己的才能和尽可能牢牢掌握自己的命运而需要的思想、判断、感情和想象方面的自由"。[2]

应该说，教育的内涵是随着时代的发展而不断演化的。今天，我们每一位埋头苦干的教师也许在工作中已经驾轻就熟，也许正焦头烂额，但是，我们在探求各种教育方式之前还是首先得问自己：教育究竟是什么？我们教育的目的又是什么？不思考这个最基本的问题，就不能说是一个合格的教师。

---

[1]赵伟，詹华如. 什么是教育 [M]. 北京：北京教育出版社，2003：5.
[2]联合国教科文组织. 教育——财富蕴藏其中 [M]. 北京：教育科学出版社，1996：85.

王道俊、王汉澜主编的《教育学》一书对教育作出如下定义："教育是培养人的社会实践活动。广义的教育泛指一切有目的地影响人的身心发展的社会实践活动。狭义的教育主要指学校教育，即教育者根据一定的社会要求和受教育者的发展规律，有目的、有计划、有组织地对受教育者的身心施加影响，期望受教育者发生预期变化的活动。"①

这个定义虽在很长时间之内被大家认可，但是随着时代的发展，其狭隘的一面也受到了质疑。例如，周国平在他的一篇关于教育的文章中就提到杜威的教育主张——教育即生长，教育的目的就是生长，除此之外没有其他目的。

在儿童的成长过程中，有很多因素在起作用，按照杜威的观点，教育者只是儿童成长的外部因素之一。然而，教育者一定是最重要的外部因素之一。如果教育者能够恰如其分地控制自己的行为，从而对儿童实施积极的影响，儿童的健康成长应当是可以预期的。从这一角度看，这两个观点之间还是有共通之处的。

震撼教育作为一种教育活动，与普通教育方式不同的是，它突出体现了"震撼"的作用，对于受教育者来说，它如醍醐灌顶，直指人心。它不是潺潺流水，幽远流长，也不是和风细雨，润物无声，而是暴风骤雨，电闪雷鸣。它或者在一瞬间让人豁然开朗，"悟已往之不谏，知来者之可追；实迷途其未远，觉今是而昨非"（陶渊明《归去来兮辞》），或者让人在痛苦中反思，痛定思痛，奋发图强。

震撼教育应当具备以下三个特征。

第一个特征，教育设计聚焦于教育目的。通常来说，任何教育行为都有一定的教育目的，震撼教育将这一点做到了极致。围绕目标的实现，一切可能的教育行为都在考虑之中，而最终选择的一定是效果最好的那

---

①王道俊，王汉澜. 教育学［M］. 北京：人民教育出版社，1989：4.

种。也只有聚焦于一点，才能达到震撼的结果。

一位专家急匆匆走进演讲厅，他正要给全市企业骨干人员作报告。

专家把一个磁盘插入台式电脑，准备打开电子文稿，可是，等他双击鼠标之后，电脑屏幕上显示一个红色的大叉，系统无法运行指定的程序。台下有些轻微的骚动。专家不慌不忙地说："幸好我带来了一台笔记本电脑，请工作人员帮我把网线接好，打开我的邮箱就行。"可是，他打开网址一看，天呀！邮箱竟然打不开。大家一阵唏嘘。专家笑笑说："世事真难预料，我精心准备了两份讲话稿都无法使用。不过，我还有第三种办法。"他像变魔术一样拿出移动硬盘。随后讲座开始，主题是"人的自信与成功"。专家打开演示稿，屏幕上赫然出现一行字，内容是：人的自信来源于多重准备，当你的第一个准备无效时，你可以快速地找到第二种、第三种甚至更多的应对办法，你就能够成功。

这时，台下掌声不断。①

不成功的教育指向往往不明确，或其中的逻辑关系不清楚。媒体曾经报道过两个母亲的惨痛案例。在第一个例子中，单亲母亲辛辛苦苦把儿子拉扯大，自己省吃俭用，有什么好吃的好穿的都留给儿子，但是儿子并不领情，从好吃懒做，不认真读书，逐渐发展到逃学，并迷上了上网，直至经常在网吧里通宵达旦，几天几夜不回家。母亲再也无法忍受，下定决心，终于在一个网吧里找到了儿子。那一瞬间，多年的含辛茹苦和巨大的失望一起涌上心头，她当众狠狠打了儿子几个耳光，把他往家里拖。这个逆子竟然头脑发热，抓起一把刀就捅向自己的母亲！还有一个类似的例子，也是一位母亲对自己的宝贝儿子百依百顺，把他宠成了

---

①肖春辉，吴瑞. 准备［J］. 班主任之友：中学版，2006（10）：58.

一个小霸王，街坊邻居意见很大，但是她从来都不以为然。小霸王胆子越来越大，终于有一天触犯法律。在被民警戴上手铐从家里带走的那一刻，面对追赶出来的母亲，儿子说了一句话："妈妈，我恨你!"这是两出悲剧。两位母亲都母性很强，付出很多，却始终没有清晰的要求和期望，只是一味满足孩子的需要。这是母爱，但不是教育，更不是震撼教育。那么怎样才算有明确的教育目的? 试举一例。一位母亲求教她的朋友，说她读高中的儿子哭着闹着要家里拿出 20 万来让他出国，家里并不宽裕，儿子就以放弃读书相要挟。母亲不知道怎么办，朋友说，如果你爱他，就送他出国;如果真的爱他，记住，不要给他钱。只是一个小小的举动，教育的目的已尽显其中。

第二个特征，教育者的心灵受到感动或者震动。在震撼教育的实施过程中，教育者的言语绝不能从学生的"左耳进，右耳出"，否则，这样的教育一定不能产生作用。教育者常常要有一些出其不意的言行，通过节奏或是强度的"变化"来吸引学生的注意，撞击他们的心灵。

震撼教育对学生的心灵撞击方式有两种。一种是感动，它是感化的必然结果。有一天晚上，我走过老师窗前，看到老师在伏案备课，想起老师谆谆教诲的情景，我的心头突然涌起一股热流，这是感动，是一种积极的心理体验。另一种是触动，或者叫震动，它带给教育者的往往是相对消极的心灵体验，如羞愧、难过、悔恨、失落、郁闷、委屈、挫败、恐惧等。消极的心理体验并不一定带来消极的行为，如果引导得当，可使教育对象产生反思和警醒。《世说新语》中有一个周处除三害的故事。周处由于幼年丧父，母亲过度宠爱，成为地方一霸，被乡民与猛虎、蛟龙并称为"三害"。这个说法传到周处耳中，他深受震动，于是翻然悔悟，上山下水除掉猛虎蛟龙，并从此改邪归正。

从教育效果来说，两种方式都能起到启发学生心灵的作用，但在具体实践中，第二种方式往往为教育者忽略，以至于一谈到教育，就必然披着温情的面纱，严厉与严格的方式往往不为教育者所采用。

孟子有一段名言："天将降大任于是人也，必先苦其心志，劳其筋骨，饿其体肤，空乏其身，行拂乱其所为，所以动心忍性，曾益其所不能。"（《孟子·告子下》）正所谓"生于忧患，死于安乐"，磨难对于一个人的成长是有利的。中国古代有很多文字说明了这一道理，比如，"宝剑锋从磨砺出，梅花香自苦寒来"；再如，"书山有路勤为径，学海无涯苦作舟"。我在20世纪90年代初收到大学录取通知书时，意外地得知当年所有考入复旦的学生都要进行为期一年的军训，因此我的第一年大学生活是在大连陆军学院度过的。那一年十分艰苦，我和其他同学一样，真真正正当了一年的兵。常常早上起床训练时，仰头看去，天上还有星星。晚上上床，多数人很快入睡，累得连说话的力气都没有。尽管有一些同学抱怨军训一年耽误了美好时光，但是我自己觉得这一年的经历对于我的意志力的磨炼还是起了很大的作用。以后再碰到困难，和军训生活一比，就不觉得有什么了。苦不苦，想一想红军长征二万五，就是这么一个简单的道理。现在许多地方有一种叫做行走学校的教育方式存在，就是因为很多孩子生活条件太过优越，没有经历过生活的苦难，家长迫不得已把他们送到行走学校去。很多孩子通过艰苦生活的磨炼，思想发生了很大变化，浪子回头的例子也不少。这样的学校存在的价值也就体现出来了。

当然，震撼教育也并非一定要采取一些看起来很严厉的方式。有时候，只要教育者的教育方式出乎儿童的意料，同样能收到很好的震撼效果。比如说一位平时十分刚强的男老师偶然在学生面前流泪了，这泪水的效果绝对比得上重磅炸弹！但是如果另一位女教师经常哭，那她再在班级里哭可能很多学生就已经无动于衷了。我曾经问一位同事的教子之道，她的女儿很优秀，我问她有没有打过女儿。她回答说，基本没有打过，我对女儿还是很疼爱的。只有一次，她考试的时候居然在试卷上画画。成绩出来之后，我狠狠地打了她一次。从此之后，女儿的学习我就没有操过心。这个例子说明什么道理？并不是说父母一定需要打自己的孩子，只是我们必须得思考，如果实在要打的话，什么样的打可以收到最大的效果。

当教育者通过震动的方式实施震撼教育时，如何保证教育对象的消极心理能带来积极行为？我认为，这与教育者和教育对象之间的情感基础有很大关系。两者之间情感融洽程度越高，那么，实现积极震撼教育效果的可能性就越大。从这一个角度来说，震撼的基础仍然是感化。

第三个特征，教育的效果是在一瞬间实现的。教育的设计过程可以很复杂，教育行为的实施也许需要很长时间，但是，教育目标的实现就在一瞬间，也就是心灵受到震撼的那一刹那。孔子说："朝闻道，夕死可矣。"（《论语·里仁》）悟道的过程十分艰辛，实现的那一刻就在电光石火之间。

有些教育者的教育行为表面看起来很"震撼"，但是并没有产生预期的效果，或者在可以预见的时间内没有产生预期的效果，那么，这样的教育就不能称之为震撼教育。

有些老师嗓门很大，面貌很凶，但是学生却并没有多少收敛，原来时间长了，学生对该教师已经十分了解，知道他是外强中干，只是表面严厉而已。也有一些教师，在做学生思想工作时唠唠叨叨，几句话翻来覆去地讲，学生耳朵已经听出老茧。终于有一次，在该教师又对一犯了错的学生做思想工作时，学生不胜烦扰，对教师说，老师，你别说了，我知道错了，我一定改！教师不胜欣喜，以为是自己的说教收到了效果，却没有想到，真正起作用的是他的"啰唆"。像这样一种短时间内见效的教育方式并非是教师意料之内的有意识的安排，当然不能算是震撼教育。真正的震撼教育应该具有"一语惊醒梦中人"的效果，那一刻，如同醍醐灌顶，心中豁然开朗。

一个人吃馒头，一口气吃了八个馒头，意犹未尽，吃到第九个馒头的时候，终于饱了。于是感叹，早知如此，一上来就吃第九个馒头。

这是一个笑话。没有前八个馒头打下的基础，哪有第九个馒头带来的饱？

震撼教育效果的实现虽然是一瞬间的事，但准备过程却可能很长，尤其是在一些感化的案例中，足以产生感动的因素也许要经年累月才能达到临界值。但是，为了那一瞬间的幸福，再多的付出也值得！当然，通过有效的教育设计，这个过程可以被大大缩短。

家庭中的震撼教育

震撼在家庭教育中更加有实施的可能，因为在家庭里，感化并不存在基础问题，父母之恩似海深，父母为了儿女成长，无时无刻不在付出。而家庭教育往往失之于宽，父母之爱稍不小心就会成为溺爱与纵容。此时，适当的震撼往往可以取得意想不到的好结果。

南京市青少年素质教育学校校长储晋在一次报告中举过一个家庭教育的例子。

储晋的独子因为不爱吃饭而使爷爷奶奶伤透了脑筋。他对妻子说："给我三天，让我改变他。"第一天，他撤空冰箱，只留下一小碗打算拿来喂狗的饭。大家暗中约定，谁都不去管他。小孩早上没吃东西，无人管他，他暗暗高兴。可是，到了中午，居然还是没有人像过往一样拿着好饭好菜追在他后面要他吃，他便觉得有点纳闷、有点失落了。到了晚上，饥肠辘辘，他惨惨地变成了一只小老鼠，四处觅食。打开冰箱，他找到了那碗留给狗吃的饭，二话不说，便狼吞虎咽地吃得一干二净。平生第一次，他对于"饿"这个字有了具体的认识。

第二天，储晋告诉儿子要带他去南京远郊去看梅花。

父子俩欢天喜地出门去了。搭了公共汽车，来到了穷乡僻壤，走啊走，到了中午，肚子打鼓，儿子要求他把背包里的干粮取出来充饥。储晋打开背包，背台词似的说："啊，糟了，忘了带！"翻出一瓶水来让他喝。接着，取出自己的一部著作，说："你拿这部书去农家换点吃的吧！"小孩饿得不行，只好照做，结果呢，换到了七个鸡蛋，狼吞虎咽地吃光了。这时，农舍一家子已和他们交上了朋友，开了拖拉机送他们到野外去看满天满地盛开的梅花，度过了一个异常愉快的下午。傍晚，孩子苦着脸说道："吃了上顿没下顿，实在惨！"结果，他主动帮农家干了点事儿，农家留他们吃了顿饱餐。①

这便是典型的震撼教育，它直接触及孩子的心灵，能够产生立竿见影的效果。我们可以深入思考一下为什么小孩子不肯吃饭。答案很简单，他们吃饭的时候根本就不饿。现在一般人家生活条件普遍较好，大人也都很宠爱自己的孩子，在吃的方面通常都会满足他们，小孩子平时吃的东西很多，到了吃饭的时间反而没什么胃口。于是便常常出现母亲喂了孩子一口饭，孩子便跑到一边去玩，而母亲端着饭碗跟在孩子后面走的状况。储晋很聪明，知道问题的关键是什么。只要让孩子体验一次，知道"饿"是什么滋味，他自然就会明白父母的苦心，而不会再轻易错过吃饭的时间了。

在教育孩子的过程中，许多家长常常不敢或不愿意使用震撼教育，因为，他们首先过不了自己这一关。虽然说"良药苦口利于病"，但是如果自己的孩子聪明可爱，大人是发自内心的喜爱，惩罚的手常常是高高举起，轻轻放下的。有一次，我跟一位同事议论孩子的教育问题，这位

①尤今. 不教便是大教［EB/OL］.［2010-03-01］. http：//www.xici.net/b385828/d27796407.htm.

同事刚刚做母亲不久。我对她说，中国的母亲有一个毛病，那就是喜欢"打地"。孩子摔倒了，哇哇大哭，母亲连忙把孩子抱起来，然后就用扫帚或者棍子一边敲地面，一边说地不好，把宝宝弄疼了，于是小孩子破涕为笑。可是西方的家庭是怎么应对类似情况的呢？一个小孩子在公园里摔倒了，哇哇大哭。他的母亲在一边冷静地说，汤姆，起来！孩子不愿起来，趴在地上哭。母亲催促道，勇敢一点，自己爬起来！孩子不甘心，还是不动。母亲严肃地说，汤姆，这是妈妈最后一次提醒你了，自己起来！汤姆看到母亲这么坚决，只好很无奈地慢慢自己爬起来走到妈妈身边。母亲认真地跟他说，汤姆，看看你刚才的样子，哪里像一个男子汉！这个"男子汉"才多大呢？两岁而已！类似的故事，我们在很多地方都能读到或听到。我跟同事说，负责任的下一代就需要这样培养，所以，下一次你的宝宝如果摔倒了，一定要让他自己爬起来。不料之前还连连点头称是的她却为难地说，那我舍不得的！再说了，孩子如果摔倒了我不去扶，不要说老人了，就是我老公知道了也要骂我的！

一句"舍不得"，多少大好的教育时机被错过！

曾经有一位家长费尽千辛万苦找到我，请我帮他的孩子出谋划策。他的儿子刚读初一就已经转了三个学校，都是很好的学校，进去读书都是托了关系的，三次都因为严重违反了校纪而不得不转学。"你分析过原因吗？"我问家长。"他的本质不坏，也就是有点调皮捣蛋而已。"家长说。"你准备一直转下去吗？""转一所好一点的学校也不是那么容易的，我已经付出了很大的代价……"家长说。

原因很清楚了。家长中年得子，抗拒不住地宠，宠的结果就是儿子长成了一个"小霸王"。如果这样下去再过两年，就再也控制不住了。我后来建议他，不要再把孩子转到常规学校了，不妨送到"行走学校"试试，让孩子吃点苦，也许能悟出点人生的真谛。

孩子都是自己的好，这是人之常情。发展心理学说，孩子的一半来自遗传，另一半来自后天的塑造，但我们的教育常常不正确地塑造了孩子。喜欢孩子的时候抱着乱亲，当着孩子的面说什么话都不避讳，心情不好的时候孩子犯一点小错就大发雷霆……把我们自己放在这样的环境里，我们的价值观、心理结构大概也会变成畸形。

"你真的是为孩子好吗？那就培养他的品质，而不是无度地满足他的物质要求。"这是我对另一位家长的劝告，"当你不停地给孩子买东西的时候，你不是在满足他，而是在满足你自己的一种情感的需求。孩子可能并不需要，你却心理平衡了。为什么不能静下心来想一想，怎样做才是真正对孩子有益的呢？"①

震撼教育是理性思考的产物。一个理性的教育工作者常常会设身处地地站在孩子的立场，理解孩子的心理感受，模拟他的反应。这样，他就可以甄别哪些教育方式是有益的，而哪些是有害的了。

---

①万玮. 成功教育者的第一品质［N］. 新民晚报，2008 - 03 - 23.

4. 如何实施震撼教育

教之而不受，虽强告之无益。譬之以水投石，必不纳也，今夫石田虽水润沃，其干可立待者，以其不纳故也。

——张　载

震撼教育在实施过程中有四种策略模式。分别是极致行为策略、相反预期策略、自然惩罚策略以及高峰体验策略。

极致行为策略

震撼教育是对感化教育的一种有效的补充，在具体实践时，有多种实施策略。第一种称为极致行为策略。

古今中外，所有国家和民族的教育都把诚信放在极其重要的位置。如果你是一名教育者，当你知道一个孩子对你撒谎的时候，你该怎么办？采用何种教育手段可以让他意识到自己的错误行为并且在以后的生活中牢牢记住？我在《班主任兵法》中曾引用过这样一个故事。

我 16 岁那年的一个早晨，父亲说他要去一个叫米雅斯的村子办事，一路上可以把汽车交给我驾驶，但条件是在他逗留于米雅斯村期间我要替他将车子送到附近的一个修车铺检修。要知道，我当时刚刚学会开车，但却极少有实践的机会，而到米雅斯村有将近二十英里，足可以让我狠狠地过一把开车的瘾。在修车铺的师傅检修车子时，我去附近的一家电影院看电影，我接连看了四部。出了电影院，我一瞧手表，已经是六点钟了。比我与父亲约好的时间迟了两个小时！

我知道，如果父亲得知我是由于看电影而迟到，一定会生气，可能因此就不再让我开车了。于是，我心中编了瞎话，告诉他汽车需要修理的地方很多，所花时间也相应地长了。他向我投来一瞥。"贾森，你为什么一定要撒谎？""我没有撒谎，我说的是实话。""四点钟的时候，我给修车铺打了电话，他们说车早就检修好了。"我的脸顿时羞得通红。我向他承认了看电影的事实，并解释了决定撒谎时的想法。父亲认真地听着，脸上蒙上一层阴霾。

"我非常生气，但不是生你的气，而是生我自己的气。我想，我是一个不称职的父亲，我让你感到对我撒谎比说实话更有必要。我要步行回家，好在路上深刻反思自己这些年来子女教育方面的失误。"

不论我如何恳求，如何抗议，如何道歉，他都置之不理。父亲大步踏上了乡村崎岖的泥路。我赶紧跳上汽车，驱车跟在他后面，希望他能回心转意。我不停地央求他，不断地自我批评，但均无济于事。将近二十英里的路程他就是这样走过，平均每小时走了五英里。

看着父亲承受着疲惫和痛苦，作为儿子，我却无能为力，这是我生平有过的最难受的经历，也是最让我刻骨铭心的一课。从此以后，我没有对父亲说过一句谎话。①

在此案例中，这位美国父亲因为儿子撒谎而选择了惩罚自己的教育方式。对于儿子来说，这是他从来没有经历过的。父亲希望通过这样一种极端行为使得儿子明白撒谎是一件不可饶恕的过错，作为父亲是绝对

---

①万玮. 班主任兵法［M］. 上海：华东师范大学出版社，2009：88－89.

不能容忍的。这是一个典型的震撼教育案例，属于极致行为策略。

所谓极致行为策略，乃是教育者采取一些极端的行为方式，使得孩子产生一种从没有过的体验，从而达到教育目的。

我们都有这样的经验：童年的记忆一片模糊，大部分我们经历的事情都已经淡忘了，但总有一些场景一直在我们心底深处，闭上眼睛就会想起。那些事情也只经历过一次，却为什么刻骨铭心不能忘记？细细分析，大多是一些初次经历之事或者极端特殊之事。比如第一次登台演讲，第一次喜欢一个人，一次屈辱的经历，或者目击一场悲惨的车祸等。这些体验，要么是第一次发生，要么是从来没有过的强烈，以至于无法忘记。

在实施震撼教育的极致行为策略时要注意以下两点：

第一，教育者的行为要在可能且必要的时候适当地夸张；

第二，给学生带来的必然是其以前所没有过的体验。

极致行为策略在教育管理中的运用十分广泛。比如，我常常注意到有些教师的课学生十分爱听，教学效果非常好。在听课的过程中，我发现，这些老师最大的特点是课堂语言十分夸张生动，与其平时说话完全不同。而纵观其课堂设计、课堂结构以及教学策略，并无特别高明之处。唯一的原因便是该教师极端化的语言给学生带来了有效的体验，不但调动了学生的听课热情，而且让学生对所学知识在听课的过程中就有了较为深刻的记忆。前不久在网上受热捧的被称为"史上最牛历史教师"的袁腾飞即属此例。

在我身边的同事中，也有一些老师以其独特的授课方式产生了较好的教学效果。比如一名物理教师的讲话富有节奏，并且常常用一种说唱乐的方式表达出来；而另一位化学教师善用拟人化的手法，将化学物质之间的反应比喻成人与人之间的交往，其"语录"在学生中广为流传。

有这样一个实例，一位培训机构的教师在上课时让学员在纸上写出其父母、配偶、子女、朋友、师长的名单，然后按照不重要的程度一个一个地划去。当最后只剩下自己的父母、配偶、子女的时候，学员们面临极大的心理考验。由于教师的引导出色，所有的学员都已经进入到真实的情境中去，每划掉一位亲人的名单都要让他们付出很大的决心。一位最终划掉其他所有人的名字只留下配偶一人的学员在回答老师的提问时，已经泪流满面。她说，父母最终都会老去，会离开这个世界，子女也都会长大，他们会有自己的家庭，而唯有自己的丈夫会陪伴自己度过一生。无独有偶，教育在线上有一位教师在自己的博客中也记录了类似的一个案例。这位教师在班队活动中让全班同学通过把自己亲人的名字逐一划去而最后引出"感恩的心"的主题。由于实施教育的对象是小学生，不少网友认为这样的一种教育方式有些残忍，但大家也都认可它对学生心灵所产生的震撼无可比拟。

教育者的极致行为为什么能产生震撼的教育效果呢？从心理学的角度来看，极致行为策略实质上是一种给予学生充足的生命体验的教育。在生命过程中，我们都能体验到大自然的存在、家人的情感、生活的滋味、自己的成长经历、每时每刻的思想变化、自己讲过的话、亲自参与的事件、亲自动手的工作、对一个时代的记忆等。随着时光流逝，我们亲身体验到的生活内容越来越丰富，包括对外界的印象和自己内心的变化，它们一起构成一个人全部的生活经历。尽管一个人的生命历程是短暂的，但是在人生历程中所体验到的一切的确是十分丰富的。

刘慧博士在《多元社会中学校道德教育：关注学生个体的生命世界》一文中说："学校道德教育必须从远离学生生命世界的格局中走出来，回归学生的真实生活，关注学生的生命世界。关注学生的生命，实质是关注个人的生命经历、经验、感受与体验。每个学生的生命都是独特的，这种独特性以其独特的遗传因素与环境相互作用，并通过其经历与经验、感受与体验体现出来。而人又是以其经历而形成的自我经验来感受生活、感受他人、感受世界的，也是基于他的生命感受、他的自我经验来理解生活、理解他人、理解世界的。"① 张天宝则提出，"教育过程是一种体验"。②

我们常说，经历是一笔财富。无论什么人，不管他对自己的生存处境感受如何，无论他从事什么工作，只要谈到他们的体验，他们都会呈现出浓厚的兴趣，并且把最深刻的体验看成自己生命中最有价值的精神财富——无论是快乐还是悲伤的体验。

极致行为策略的震撼教育本质上就是一种体验教育。

极致行为模式的运用非常广泛，小至一个家庭，大到一个班级、一个学校，乃至一个民族，都可以运用极致行为模式的原理对学生进行管理教育。《新民晚报》有篇文章提到了日本在青少年教育中的一些独特的做法。

日本：糠菜忆苦饭，培养坚强意志

到了日本，让人感触最深的是，无论是日本的家庭还是社会，都从小培养子女自主、自立的精神。这一点在日本的学校教育里表现得非常明显。

日本人有一种特殊的耐寒训练，中小学生冬天的校服依旧和夏天一样，一律短裤短裙。虽然光着两条小腿，但学生们仍然活跃在操场上，参加各种课间活动。从他们的脸上看，他们一点也不觉得冷。每逢一年中的第一场雪，父母都会带着儿女到户外洗冷水浴。当然，这与平日的洗浴不同，用冷水将身体淋湿就行了。

时至今日，日本教育界已经形成了这样一种共识：让孩子们背着统一样式的书包、过马路排着整齐的队伍、冬季穿短裤短裙、雪中进行冷水浴……这些看上去是一件件小事，却对他们意志力的培养起到了潜移

---

①刘慧，朱小蔓. 多元社会中学校道德教育：关注学生个体的生命世界 [J]. 教育研究，2001（9）：8 - 12.

②张天宝. 关于理解与教育的理伦思考 [J]. 教育研究与实验，2000（5）：33 - 38.

默化的作用。

"不要给别人添麻烦"，是日本父母一直灌输给孩子的思想。全家人外出旅行，不论多么小的孩子，无一例外地都要背上一个自己力所能及的小包。甚至一个刚刚学会走路的幼儿，也要背上一个小包。打开一看，里面装着的是他要用的奶瓶、尿布等。别人问为什么，父母回答道："他们自己的东西，应该自己背。"

日本人有句名言："除了阳光和空气是大自然的赐予，其他一切都要通过劳动来获得。"许多日本学生在课余时间都要去外边劳动挣钱，大学生中勤工俭学的非常普遍，就连有钱人家的子弟也不例外。他们靠在饭店端盆子洗碗、在商店里售货、在养老院照顾老人等，来挣得自己的学费。

为培养孩子的意志力，日本一所学校甚至别出心裁，给小学生们吃"忆苦饭"。虽然孩子面对在当年艰苦岁月里大人们食用过的糠菜号啕大哭，拒食3天，但校方、老师、在场的父母毫不动摇，决不迁就。到了第4天，饥肠辘辘的孩子们终于咽下了这顿特别的饭菜，这在幼小的心灵里留下了深刻的印象。①

所谓"铁打的营盘，流水的兵"，如果没有当兵的经历，许多人不会理解这句话的深刻含义，也不会真正理解军人的坚毅与刚强是如何塑造出来的。军队就是一个大熔炉，士兵在其中可以百炼成钢。去年热播的电视剧《士兵突击》之所以大获成功，其中一个原因就是它真正再现了部队生活的简单、枯燥、艰苦、残酷。但是，正是在这样一个日常生活中不会出现的极端环境下，一个人的灵魂才能受到真正的震撼，一个人的品质才能得到真正的锤炼。

---

①日本：糠菜忆苦饭，培养坚强意志［EB/OL］.（2010－02－01）［2010－02－18］. http：//baby.sina.com.cn/health/06/2411/084682434.shtml.

相反预期策略

震撼教育的第二种实施策略叫做相反预期策略。我们先来看一个很熟悉的例子。

陶行知奖学生糖果

陶行知先生在担任一所小学的校长时，看到男生王友用泥块砸班上的同学，当即制止了他，并要他放学后到校长室去。

放学后，王友已经等在校长室准备挨训了，陶行知却掏出一块糖果送给他，并说："这是奖给你的，因为你按时来到这里，而我却迟到了。"王友惊异地接过糖果。随后，陶行知又掏出一块糖果放到他的手里，说："这块糖也是奖给你的，因为当我不让你再打人时，你立即就住手了，这说明你很尊重我。"王友更惊异了，眼睛睁得大大的。

陶行知又掏出第三块糖果塞到王友手里，说："我调查过了，你用泥块砸那些男生，是因为他们不守游戏规则，欺负女生。你砸他们，说明你很正直善良，有跟坏人作斗争的勇气！"王友感动极了，他流着泪后悔地说道："陶……陶校长，你……你打我两下吧！我错了，我砸的不是坏人，而是自己的同学呀！"陶行知满意地笑了，说："你能正确地认识错误，我再奖给你一块糖果，可惜我只有这一块糖果了。我的糖完了，我看我们的谈话也该完了吧！"①

---

①彭湖. 陶行知奖学生糖果——小故事 大教育 [EB/OL]. (2008－03－29) [2010－02－18]. http：//hi. baidu. com/jyl_ 001/blog/item/67969 b09eebe8880d0581b55. html.

陶行知的"四颗糖"是一个广为流传的教育故事，被视为教师智慧的经典范例。这个故事之所以在教育界传为佳话，并为后来的教育工作者所推崇，就在于它蕴涵着一种难能可贵的教育理念，折射出一种高超的教育艺术。它看起来平淡无奇，却又耐人寻味。陶行知在处理这件事时，出人意料地采用了宽容的态度，用赞赏的眼光来发现学生身上的闪光点，触及了孩子的心灵。本来是准备接受批评的，反而受到表扬，这样一种巨大的心理落差使得学生产生了一种强烈的自责心理，激发了他反省和向上的力量。在这个案例中，陶行知的奖励实际上是批评，是一种蕴涵着高超教育艺术的批评。

所谓相反预期策略，就是教育者的教育行为看似平淡无奇，实则完全出乎学生的预期，从而在学生心中产生认知和情感冲突，以达到教育目的的教育方式。

现在的学生常常会揣摩教师和家长的心理。教育者的教育行为如果都在学生的意料之中，往往收不到效果。我曾经接待过一位承认家庭教育很失败的家长，他说，他的孩子根本不愿意听他讲道理。后来我一了解，原来他的那些大道理都是老生常谈，他的儿子已经能倒背如流，他只要开一个头，他的儿子就可以滔滔不绝地接着往下说。如此教育，怎么能成功？

在实施震撼教育的相反预期策略时要注意以下两点：

第一，教育者的教育行为要完全出乎学生的预期；

第二，教育者的教育行为虽在意料之外，却也在情理之中。

也就是说，教师在实施相反预期策略时，不能为了相反而相反，而必须合乎情理地"反其道而行之"，这样，学生才会对教师的教育心服口服。

相反预期策略的震撼教育如果运用得当，起到的效果将十分惊人。由于教师的做法常常违反常规，或者不合常理，会引起学生心理上的巨大波动。教师如果能够因势利导，顺着学生的困惑与矛盾心理，指出问题产生的根源，常常就能够使学生领悟道理，并认识到自己的错误，从而产生良好的教育效果。

我曾经运用相反预期策略对一名屡犯错误的问题学生成功地实施了教育。

我班级里有一个男生有一次犯了一个极大的错误，这名学生平时就比较调皮，教师在他身上花了很多心血，总是鼓励他，给他机会，给他希望。然而，冰冻三尺，非一日之寒，男生虽然知道自己有很多坏习惯，但有时候就是控制不住自己。这一次，在班级即将申报市级优秀班集体的时候，他犯了很大的错误，导致警察都到学校里调查，于是优秀班集体的申报不得不终止。全班同学都很愤怒，我当然也是如此。

一开始，我真想狠狠地批评他一顿。毕竟，这次的申报机会十分难得，对班级和我个人都有很大的好处。可是，多年的工作经验使我很快冷静下来，我在思考这样的教育管理方式是不是真的对学生有好处。我开始把自己设想为那名男生。事到如今，那位男生一定会很懊恼，也很害怕，而且，他已经预期到我一定会狠狠地批评他一顿。当一个人已经预感到某事要发生的时候，他一定会做好准备，就好像一个人预感到暴风雨即将来临的时候，他一定会准备好雨伞、雨衣一样。当男生做好了心理上的防备，而我的批评如期而至的时候，这样的批评就不会产生预期的效果。难道他想我做什么我就会做什么吗？我偏偏不这样做！

于是，我决定采取另一种方式来教育他。事情发生之后，我一直没有正面接触过他。上午第一节是我的课，进了教室之后，教室里的气氛很压抑，而我看起来却像什么事情都没有发生一样。我注意到这名男生在悄悄地观察我，但我就是不去看他。这样平静地上完了课，我什么话也没有说就离开了教室。接下来的一天，我跟班干部讲了优秀班集体泡汤的事情，也讲了其他一些要注意的问题，但是对他的处理只字未提。

我知道我越是这样，他越是紧张。他知道我很生气，但是想不到却是这样一种漠然置之的态度。第二天，他终于主动来找我承认错误。我对他说，我已等了他整整一天。然后，把他以前写的所有检查、说明书都拿出来，和他回忆我是怎么一次次帮助他、教育他、宽容他、鼓励他的。那天他痛哭流涕，发誓要控制住自己，改正以前的种种不良行为。

由于我的出人意料的教育方式，这次事件的处理产生了极好的效果，这名男生之后的表现好了很多。当他稍稍有一些控制不住的时候，只要我给他一个眼神，他就能立刻收敛自己。而且，看得出来他是在努力控制自己，因为那一次的教育给他的印象太深刻了，我想他应该是受到了震撼。

美国著名的心理学家艾里斯于20世纪50年代提出了合理情绪疗法。艾里斯的合理情绪疗法理论认为，非理性信念是心理行为障碍的症结，治疗的目标就是除去非理性、不合理的信念，并以正确的信念取代之。他还提出了一个重要的心理卫生原则，称之为"心理卫生ABC"，其含义是：A.代表引发事件（外界刺激）；B.代表个人的信念系统，即一个人对所发生的事件的认识与态度，亦即对刺激的情绪反应方式与程度；C.代表情绪反应的结果。此理论的核心是认为直接引起情绪反应（C）的，并非是事件（A）本身，而是人对事件（A）的认识与态度，即（B）。①

也就是说，一个人的情绪并非取决于结果有多好还是有多坏，而取决于最终的结果与人的期望是否有偏离，偏离程度有多大。相反预期策略正是利用了这一原理，在正确判断学生主观期望的基础上，有意识、有目的地改变结果，使其产生较大的偏差，从而引起学生巨大的情绪波动。而有经验的老师都知道，学生情绪波动时，正是实施教育的好时机。

①方方.教师心理健康研究［M］.北京：人民教育出版社，2004：23－25.

此时教师的任何话语，通常都能引起学生认真深入的思考。

艾里斯的理论是对于人的心理行为障碍的解释。而震撼教育的相反预期策略本身却是要人为地先给学生制造一个心理障碍，这种做法无疑可能会引起争议。因此，我特别强调了教师的行为必须是在情理之中的，在稍后与学生的交流过程中，这种出乎意料的行为应该是能得到学生的理解和领悟的；否则，相反预期策略就会产生副作用，即不但没有完成预期目标，反而使学生形成了一个心理障碍。

另一方面，在实施相反预期策略时，还要考虑学生的心理承受力。在大众心理学中有一个"情绪指数"的概念，心理学家用它来衡量人的情绪，其公式为：情绪指数＝期望实现值÷内心期望值。这一公式告诉我们，在期望实现值确定的情况下，内心期望值高，其情绪指数就低，个人就体验到较多的消极情绪；反之，情绪指数就高，人就体验到较多的积极情绪。期望值越高，心理上的情绪冲突越大，成功带来的满足感就越微弱，失败带来的挫折感就越强烈。

心理学家把人在面对挫折时的反应的敏感点称为"心理情结"或"心理按钮"。[①] 相反预期策略会使学生的情绪指数降低，但是必须控制在心理按钮附近。如果学生的情绪指数过低，他可能会作出过激行为，造成不可挽回的后果。

相反预期策略在个体学生的教育中常常能收到超出预期的效果。李镇西老师在他的一次报告中也举了一个案例。

体育老师做班主任，学校一般很少安排，可是有这么一位体育老师，

---

① 曾金梅. 触到"心理按钮" [EB/OL]. (2006 – 03 – 24) [2010 – 02 – 22]. http: //www. china001. com/show_ hdr. php? xname = PPDDMV0&dname = UE4O041&xpos =18.

学校就安排他做班主任了。为什么？因为在他之前，这个班换过好几任班主任都没能够把这个班搞好，可想而知，这个班的纪律状况、班风情况是怎样的糟糕、令人忧虑。学校之所以派这个长得身材魁梧的体育老师去做这个班的班主任，显然是想希望借助他的某种震慑力，把这些调皮的孩子给镇住。

第一天，体育老师来到这个班的教室，就看到里面乱糟糟的，没有一个学生规规矩矩地坐在位置上，连桌子上都站着一些学生。于是这个体育老师就点了几个站在桌子上的学生，说，你们几个跟我走。那几个孩子满不在乎的，从桌子上跳下来，就跟着体育老师走，而且比体育老师走得快。往哪儿走呢？这几个孩子直接往办公室走了，走到办公室以后，规规矩矩地就面向墙壁站成一排。等这个体育老师走到办公室的时候，看到办公室里面整整齐齐地站着一排孩子，他心里乐了。他知道这些孩子是一贯被老师抓进办公室罚站的，这些学生养成习惯了，知道被老师叫到办公室，肯定要去罚站的，干脆自己先站着得了。后来这个体育老师说，我叫你们到办公室了吗？你们跑得这么快。这几个孩子就有点纳闷了，那你叫我们到哪儿去啊？体育老师说，到操场去。这几个孩子明白了，于是一溜烟跑到操场去了。体育老师到了操场，看到这几个孩子在那儿做什么呢？他们一圈一圈地在围着操场跑了，因为这几个孩子认为既然要我们到操场，肯定要罚我们跑嘛。后来体育老师又笑了，他说，我叫你们跑了吗？我只叫你们到操场啊。这几个孩子又不懂了，怎么回事？这位老师说，你们跟我走，到操场边上来。他把这几个孩子叫到操场边上一个单杠的下边，他对这几个孩子说，你们就在这儿站着，看我做什么就可以了。然后在这几个孩子的注视下，这位体育老师一下跃到单杠上，开始做各种高难度的动作，大回环，一圈一圈地甩，甩得这几个孩子眼花缭乱、目瞪口呆，从此他们就服了这位体育老师。①

　　可能一些老师不太理解，做一个单杠大回环就能够治理一个问题班级？其实，这个案例与陶行知的"四颗糖"有异曲同工之妙。学生犯了错误，以为要受到重罚，如果教师勃然大怒，将他们怒骂一顿，这反而在学生的预期之中，因此不会收到效果。体育教师妙就妙在反其道而行之，不打不骂，也不惩罚，而是向他们展示自己健壮的肌肉与良好的身体技能。这一举动包含了这样一些信息：第一，老师很强；第二，对你们的错误，老师不是不能惩罚，而是不愿惩罚；第三，老师的教育方式也会与众不同，有可能惩罚的方式与众不同，学生完全预想不到；第四，老师有可能内心很生气，可是通过这样一种方式表现出来……

　　无论如何，震撼教育的相反预期策略有一点剑走偏锋的味道。但是在教师的教育方式缺乏创新使得学生面对教师的老一套的教育方式昏昏欲睡的大环境下，与众不同与出人意料显得别有一番韵味，受到学生的欢迎也就在情理之中了。

　　大清乾隆朝王翰林为母亲做寿，请纪晓岚即席做个祝寿词助兴。老纪也不推辞，当着满堂宾客脱口而出："这个婆娘不是人。"老夫人一听脸色大变，王翰林十分尴尬。老纪不慌不忙念出了第二句："九天仙女下凡尘。"顿时全场活跃、交口称赞，老夫人也转怒为喜。老纪接着高声朗读第三句："生个儿子去做贼。"满场宾客变成哑巴，欢悦变成难堪。老纪喊出第四句："偷得仙桃献母亲。"大家立刻欢呼起来。

　　纪晓岚是制造情绪落差以产生强烈情感体验的高手。然而，正如"是药三分毒"一样，震撼教育不可避免地会有一些副作用。但是，也正如不可因为药有毒副作用，便任凭疾病肆意泛滥也不去用药医治一样，

---

①李镇西. 做专家型的班主任 [J]. 河南教育：上旬，2008（9）：32－33.

"震撼"的教育方式作为一种非主流、非常规的教育管理策略，也可以在适当范围内谨慎地使用。在一些特定的场合，在传统教育方式都失去效果的情况下，或许它能立下奇功。

自然惩罚策略

震撼教育的第三种实施策略叫做自然惩罚策略。关于自然惩罚策略，也有很多有意思的案例，沃尔特·米勒在他的著作《这是我的错》一书中讲了这样一个故事。

一个年仅 11 岁的少年，把足球踢到一家商店的窗口上，砸碎了玻璃。商店老板找到少年的父亲，要求赔偿损失。父亲赔了钱之后，却把账记到了儿子的头上。他认真地对儿子说："玻璃窗是你弄破的，你应该负起赔偿的责任。我现在先帮你垫上，你要利用假期的时间打工，把这笔钱还给我。"结果，少年干了整整一个暑期的活儿，才还清了这笔钱，共计 15 美元。这个少年就是后来的美国总统里根。当了总统以后，里根还常常提起少年时的这件小事，觉得是父亲教他学会了做个负责任的人，这使他一生受益无穷。没有父亲的教诲，他可能会变成另一个样子。①

在这个故事中，里根犯了错误，把别人的窗玻璃弄坏了。他的父亲并没有批评他，而是选择了让他来承担这个错误的后果。里根整整干了一个暑假的活，其中的艰苦可想而知，但正是在这种体验中，他明白了自己错误的严重性，更重要的是，学会了承担责任。这本书的作者沃尔

---

①沃尔特·米勒. 这是我的错 [M]. 长春：吉林文史出版社，2004：102-103.

特·米勒是美国一位著名的社会活动家、职业培训专家和多家著名跨国公司的咨询顾问。他在考察了诸多成功人士以后发现，决定他们成功的最重要因素不是智商、领导力、沟通技巧、组织能力、控制能力等，而是责任理念——一种努力行动、使事情的结果变得更积极的心理。《这是我的错》正是他向我们阐释责任理念的一本力作。最好的教育不是帮助孩子承担结果，而是让孩子接受自然惩罚，即让孩子直面他的行为所带来的后果。

自然惩罚的思想是卢梭提出来的。卢梭认为，儿童所受到的惩罚，只应是他的过失所招来的自然后果。卢梭把它称为"自然后果"原则。他说，我们不能为了惩罚孩子而惩罚孩子，应该使他们觉得这些惩罚正是他们不良行为的自然后果。就是说如果他们撒谎，则谎言的种种不良后果就要落在他们头上了，在这种情况下，即使说的是真话也没有人相信，即使没有做什么坏事也要被人指责说干了坏事。按照"自然后果"的原则，如果发现孩子有冒失的行为，则我们只需让他碰到一些有形的障碍或受到由他的行为本身产生的惩罚，就可以制止。这些惩罚，也是随时都记得的，所以，无须你禁止，也能预防他顽皮捣蛋。因为，儿童的自由只能受物的限制，由于他同自然接触，就懂得应该服从自然法则。同样的道理，如果我们使孩子只依赖于物，则就能够按照自然的秩序对他进行教育。从这种观点出发，卢梭认为当儿童碰到什么东西就搞坏什么东西时，我们要切记不要生气，只要把他能够搞坏的东西移到他拿不着的地方就行了。当他打坏所用的家具时，我们千万别忙于给他换新的家具，应该让他从自己的行为中感到没有家具的不便；当他打破房间的窗子时，我们就让他昼夜都受风吹，即使他伤风也不要怕，因为宁可让他着凉，不可让他发疯，以使他从行为自身产生的惩罚中得到教训。[①]

①林玉体. 西方教育思想史 [M]. 北京：九州出版社，2006：306-308.

尽管卢梭反对在教育儿童的时候实施有意识的惩罚，但他的"自然后果"法的的确确是一种惩罚。打破自家的窗玻璃，让他尝尝吹冷风的滋味，打破别人家的玻璃呢？则自己打工去赔。在震撼教育中，自然惩罚策略指的是教育者通过一定的情境设置，使得学生在尽可能短的时间内体验并承担自己所犯错误带来的后果。为了使教育效果更加明显，教育者还要在学生能够承受的范围内尽可能使最糟糕的后果发生。

在实施震撼教育的自然惩罚策略时要注意以下两点：

第一，教育者不直接实施惩罚；

第二，教育者要创造一切机会使学生的错误的后果尽可能快、尽可能大地显现出来。

有一些家长对自己的孩子非常宠爱，生活上百般呵护，天气刚刚有一点冷就给他穿很厚的衣服，稍微有一点点发烧就去医院吊盐水，这样的孩子体质非常虚弱，不能适应环境的变化，十分容易生病。那些生活在社会底层的农民工的孩子，没有父母的照顾，整天活蹦乱跳，风吹雨淋，身体反而健康得很。每个人在成长过程中都会犯错，如果不让孩子体验到这些错误的后果，他便不会意识到自己的错误，从而不会改变自己，这样就不会提高。

有一位教师提到，其班级的一名学生有一次通过作弊考试成绩名列前茅，教师却佯装不知，还在班级表扬了他，并在课后的谈话中鼓励他下次继续保持这样的成绩。教师的表扬实际上给了孩子很大的压力，这名学生因为自己的作弊，不得不付出改变学习方式而发愤读书的代价，结果在后面一次的考试中虽然没有达到前一次的水准，但比他平时的成绩已经上了很大一个台阶。这是一种自然惩罚策略的运用。就好比，一个人吹牛说，他的本事很大，能怎么样怎么样。我明明知道他在吹牛，却不点破他，而是请他帮我一个忙。你不是本事很大吗？这点小事应该不在话下。但是这对他来说其实非常困难，几乎不可能，但他又无法拒绝，于是陷入困境。我是在使他吹牛的后果显现并且让他自己来承担后果，以此促使他后悔并反省自己的吹牛行为，这是自然惩罚策略的核心思想。

斯金纳于1953年提出了操作性条件反射的概念。他说，人的大多数行为都是自愿的，是行为导致的结果决定了以后该行为发生频率的增加或降低。[①] 说得直白一点，如果我们的行为产生的结果很美好，我们就重复它；如果结果很糟糕，我们就抑制它。

比如说，一旦婴儿冲着父亲微笑，父亲便陪他玩，那么，婴儿的微笑便会得到强化；一家人坐进车子里之后，蜂鸣器响个不停，当所有人都系好安全带后，噪音便停止了，噪音使得系安全带的行为得到强化。前者称为正强化，后者称为负强化。正强化也好，负强化也好，都是使人的行为的可能性得到增加。

惩罚恰恰相反，惩罚以抑制人的行为为目的。小强在墙上乱涂乱画，妈妈看见了批评他，并把他关在卧室里让他反省，这称之为正惩罚；小强在学校里打人被老师告状，爸爸取消了周末带他去游乐场的计划，这称之为负惩罚。惩罚抑制一种行为的原理很简单，要么产生不愉快的结果，要么使得本来有的愉快效果消失。

一些心理学家认为在某些情况之下可以使用惩罚，尤其在被禁止的行为十分危险的时候，如幼儿玩火柴或用钥匙触碰电源插座。然而，另外一些心理学家认为，惩罚是一把双刃剑，可能不仅达不到目的，从长远来说还可能导致不利后果。如操作性条件反射理论家就强烈反对采取惩罚性控制。他们认为，惩罚只能抑制某种不当反应却不能教给儿童新的知识，而且，惩罚还可能引起愤怒、敌意或憎恨等不良情绪。对不良后果的恐惧并不能真正有效地抑制不良行为，儿童只是暂时地压抑了他

---

①邵瑞珍. 教育心理学 [M]. 上海：上海教育出版社，1988：39－41.

们的行为，一旦不再受到惩罚或者不被人看见，不良行为会卷土重来。

现在，更多的研究者并不完全认同条件反射的惩罚观点，他们倾向于采纳惩罚的抑制作用的信息加工模型。① 在此模型中，惩罚的确会给儿童带来焦虑、不安等消极情绪，但儿童是否会停止不当行为，并非取决于他们经历的焦虑或不安体验的多少，而取决于他们对此体验的归因和解释。如果儿童是外部归因，即将不好的体验归因为权威人物的出现和管教，他们会暂时抑制，一旦周围无人监视，便可能故伎重演。反之，如果儿童是内部归因，即由于管教者的解释和教育而使他感到羞愧、内疚，认识到自己的不成熟，那么，不当行为便可能完全受到抑制，即使无人监管，也不会再犯。

因此，惩罚作为一种有效的抑制手段经常被儿童的父母以及教育者所采用。当然，在实施惩罚时要十分注意其负面作用，其成功实施的关键是让孩子产生内部归因。自然惩罚作为卢梭"自然后果"原则的延伸，本质上是一种能够使学生产生内部归因的惩罚。因为教师或家长实际上是在幕后的，惩罚的实施者是"自然"，学生只是面临他所犯错误的自然后果而已。考虑到惩罚的双刃剑作用，自然惩罚几乎是惩罚的最好的一种方式了。

电影《无间道》中有一句话很流行，叫做"出来混，迟早要还的"。意思是如果你做了错事，一定会有因果报应的。同样地，孩子如果犯了错误，让他受到应有的惩罚，其实是一种符合自然规律和生活常识的教育方法。

但是近年来，由于各种因素的影响，对儿童实施惩罚时人们变得越来越束手束脚，对学生尤其是男学生的健康成长带来负面影响。

①David Shaffer. 发展心理学：儿童与青少年［M］. 邹泓，等，译. 北京：中国轻工业出版社，2005：225－227.

杭州有一家名叫"西点男孩训练中心"的民间培训机构，这两年生意火暴，众多家长都把家里的男孩送到那里去训练。

杭州有家西点军校

杭州一家培训机构对男孩实行惩罚教育，外界争论不断，家长却趋之若鹜。

据《青年时报》报道，10 岁的灵灵上小学三年级，人长得帅气，但顽皮、好动，上课时经常和老师发生争吵。渐渐地，灵灵开始不愿写作业，甚至拒绝上课。

灵灵的母亲经营着一家童装店，父亲是一家公司的司机，繁忙的工作让他们很难顾及灵灵，只好把他送进了"西点男孩训练中心"。

刚到"西点"时，灵灵同样不肯写作业，在教室里玩笔套就能玩上半天，不过灵灵却因此吃到了"苦头"：作业没做完就不能睡觉，老师宁愿陪他熬夜到天亮。作业写得不好，被脱掉上衣，露出后背挨鞭子打。另外，说脏话得吃辣椒，不讲卫生要尝黄连……几番回合下来，灵灵乖乖就范。

最近在杭州，灵灵就读的这家培训机构"西点男孩训练中心"非常"火"。今年暑期招收学员的消息刚刚传出，就吸引了二百多位家长前去报名。

据了解，"西点"只招收 6 岁至 11 岁的小男孩，实行寄宿制，孩子每隔两个星期可以回家一天。因此更确切地说，这是一所男孩儿托管学校。

在这里，白天孩子们各自去学校上学，放学做完作业后剩下的时间，都得按"中心"的作息时间表进行高强度的运动和训练，包括长跑、倒立、溜冰、爬楼梯、俯卧撑、跆拳道等。

在"西点"，犯了错误就会受到惩罚，"鞭刑"是其中最严厉的一项。经过特殊处理的"鞭子"虽然打在身上并不会特别痛，但无论春夏秋冬，每次鞭打时孩子都必须脱光上衣。在说谎、学习有明显退步等情况下，孩子必须接受不同力度的鞭刑惩罚。

"在这里，所有的命令都是先执行，后'抗议'。没有任何借口！""西点"的创办者万国英告诉记者。万国英幼师毕业，当过记者，做过公务员，开过广告公司、幼儿园。她发现，"现在学校里普遍阴盛阳衰，男孩子太娇气、太骄气，缺乏阳刚之气"，因此，她创办了"西点男孩训练中心"，"就是想以全封闭、军事化管理的模式，将男孩打造成真正的男子汉"。

据悉，至今到过训练中心的孩子中，有一半以上接受过鞭刑。万国英说，她就是希望通过这种极端的方式，让孩子知道哪些事情是不能做的。

"西点"的训练老师说，他们其实很少用"鞭刑"，大多数时候，鞭子只是被用来吓吓那些特别调皮的孩子的。犯错的孩子在同伴面前公开受惩，会让小男子汉们觉得没"面子"，所以他们都害怕领受"鞭打"。"鞭子"的威慑力和挨打时的羞耻感，应该远远大于肉体的痛。

训练营强调意志培养，健康、睿智、幽默、豁达是训练营灌输给男孩们的理想标准，期望最终能将男孩们打造得性格坚强、举止优雅。

因此，尽管"西点"只是一所面向小学男生的托管机构，月收费高达2000元，但高昂的学费并没有挡住家长们的脚步。随着家长们的口口相传，"西点"也被越传越神。

一位家长说，现在的家庭大多只有一个孩子，所以很难下狠心打。"送孩子过来，就是希望能好好管教管教。"而另一位家长更是郑重声明："放心打，大胆打！"甚至还有家长特意关照："孩子不乖就打，没关系的。"

在家长看来，"不打不成器""棒下出孝子"流传了几千年，并不是没有一点道理。事实上，"西点"的孩子大多是令家长头痛的调皮蛋，或是顽皮不被约束，或是自控、自理能力差，而且大多学习成绩不太理想。加上家长又忙于工作，无暇照顾孩子，失望无奈之余，就把孩子送到这里试一试。

在每个男孩进"西点"之前，万国英都会交给家长一封信。信中有这样一句话："有越轨行为，将按照越轨大小受到惩罚，最终的将是鞭刑。若要心疼，请提前告知。"言下之意，如果不赞同"西点"的方法，就不必送孩子来了。

据了解，"西点"办了两年多，挨过鞭打的孩子不少，但至今家长们"甚至连一般的抱怨都没有"。显然，家长们在乎的是这种教育方式的结果。也因为这样，万国英一直没有取消她制定的"鞭刑"。

自开办以来，"西点"一直吸引着各界好奇、关注的目光。赞同者认为，这种教育方式有助于孩子克服"娇""骄"二气。反对者则认为，教育必须有度，体罚更是违法。万国英辩解："我不是在打他们，而是在替家长教育孩子。"①

有效的惩罚离不开儿童对自身的反省，自然惩罚模式能有效地降低惩罚实施者对惩罚效果的影响，促使儿童对自己的受罚做内部归因。杭州"西点男孩训练中心"的火暴在如今"男子汉缺失"的年代里应当被作为一种教育现象看待。我们认为，适当的惩罚能够增强学生的责任感，提升学生承受挫折的能力。因为担心不当惩罚的副作用而不惩罚或者不敢惩罚，是对教育和儿童成长规律片面认识的表现。相信有一天，震撼教育的自然惩罚模式的价值会被越来越多的人所认可，也会被越来越好地在实践中运用、实施。

---

① 杭州有家西点军校 [EB/OL]. (2006 – 06 – 21) [2010 – 02 – 24]. http：//news. sohu. com/20060621/n243848843. shtml.

高峰体验策略

震撼教育的第四种实施策略叫做高峰体验策略。和前三种策略相比，高峰体验给学生带来更为强烈的心灵震撼，也能更有效、更彻底地改变学生的思维和行为。

一位做德育出身的校长在一次小型的会议上讲过一个案例。

几年前，他到一所薄弱高中担任校长，他从改变学生的精神面貌入手，采取了许多措施，取得了初步成效。不久，一个高二年级的女生引起了他的注意。这名女生个子很高，面容姣好，十分注意自己的仪表，在学校里很是招摇。老师们对她很头疼，因为她经常违反学校的规章制度，常常涂着鲜艳的指甲，穿着成人化的服装，对待老师的批评满不在乎甚至公然顶撞。学习成绩也十分糟糕。

校长有一次去这名女生的班级里听班会课，发现这名女生非常活跃，表现欲很强。令校长印象深刻的是，她的歌唱得很好。班会结束之后，校长把班主任叫出来，告诉她，学校打算为这名女生开一场个人专场演唱会。班主任很吃惊，但是校长斩钉截铁地说，这名女生的艺术天赋很高，十分难得，这事由学校来组织，要求班主任配合。

校长把这件事排入了学校的大事日程，学校包下了附近的一家影剧院，做了专门的布置。全校同学和部分家长受到邀请观看演出，女生的亲朋好友也来到现场助阵。演唱会非常成功，与歌星的演出效果并无二致。在校长安排的学生献花的时候，该女生在全场热烈的掌声中流出了激动的眼泪。

演出结束之后，校长和女生进行了一次深入的谈话。校长赞赏了她的音乐才华，祝贺她演出成功。末了，向女生提出要求：你现在已经是校园的明星级人物了，要注重自己的公众形象，你的一举一动，大家都会很注意。例如，自己的穿着打扮要符合中学生的身份，毕竟，学校有校规；还有，成绩不能太差，否则，歌迷会失望的。

女生一口答应。从那之后，该女生像变了个人一样，她理了头发，洗了指甲，摘下耳环，换了衣服，并且在学习上投入巨大的热情。高考时，她考上了一所二本大学。这是以前根本无法想象的。

这名女生的成功转化并非偶然，她变化的转折点，就是那一次成功的演唱会。在校长的精心安排下，女生在舞台上享受到了全场雷鸣般的掌声和欢呼声，她以前的愿望成倍地得到了满足。那一刻，她获得了一次难得的高峰体验。

高峰体验的理论是美国著名心理学家马斯洛提出来的。众所周知，马斯洛认为人的需要分为 5 个层次，分别是生理的需要、安全的需要、社交的需要、尊重的需要和自我实现。这 5 个需要是按次序逐级上升的，呈金字塔形。自我实现的需要是一个人生命中最重要的一种需要，然而，在我们的日常生活中，它并不是那么容易实现。在调查一批有相当成就的人士以研究他们完成自我实现的需要时，马斯洛发现他们常常提到生命中曾有过的一种特殊经历，"感受到一种发自心灵深处的战栗、欣快、满足、超然的情绪体验"，由此获得的人性解放、心灵自由，照亮了他们的一生。马斯洛把这种感受称之为高峰体验，那是一种从未体验过的兴奋与欢愉的感觉，那种感觉犹如站在高山之巅；那种愉悦虽然短暂，但尤其深刻且无法用语言来表达。①

高峰体验对人的心灵是一种强烈震撼。教育者创设适当的情境，使得学生通过自身的努力产生高峰体验，这就是一种震撼教育的高峰体验策略。高峰体验策略与极致行为策略有相同之处，两者强调的都是一种

---

① 马斯洛. 马斯洛人本哲学 [M]. 北京：九州出版社，2003：358 - 360.

极致状态。不同的是，后者更加侧重教育者的极致行为，而前者则侧重学生的极限体验。

在实施震撼教育的高峰体验策略时要注意以下两点：

第一，教育者创设平台与情境使得学生的自我实现成为可能；

第二，学生必须通过个人不懈的努力完成自我实现。

在平时的教育实践中，我常常思考一个问题：学生努力学习的动力究竟来自哪里？我发现有以下一些原因：第一，家长的期望与要求；第二，家庭环境不佳，读书是唯一的出路；第三，从众，随波逐流；第四，喜欢某一个老师，因此喜欢这门学科；第五，为了得到某种奖赏；第六，兴趣爱好，以至于偏科；第七，养成习惯，习惯成自然；第八，产生了"高峰体验"，体验到了学习本身的乐趣。而真正持久的学习动力一定来自学习本身。当学生从学习中体会到无与伦比的满足与快乐时，他根本不觉得这是一件艰苦的事情，他会享受学习。

因此，创造适当的情境使得学生产生高峰体验便是我努力追求的目标。

我曾经教过一名初二的学生，接班之初，我就发现他与众不同，他的心理年龄至少比同班同学小两岁。在与其父母的沟通中，我了解到家长对他十分溺爱，家里的事情几乎不让他插手。你们让他上街买过东西吗？我问。没有。他的母亲摇摇头。我直言不讳地说，你的儿子认知能力比较弱，同学说的话他常常听不懂，他的生活经验很缺乏，你们以后可不要样样事情都替孩子包办代替了！

这名男生在班级里的地位很低，经常被同学嘲笑，成绩也很不理想。我在任教之初，就要求每一名学生每天都要写数学日记，记录自己在数学学习中的困惑、发现与思考过程。一开始，很多人不太适应，不知道这项作业如何完成。这名学生也颇有微词，但一直勤勉地写，从最初的订正错题，到后来的写下每一节课的重点，直至提出自己的疑惑，逐渐开始有了自己的独立思考。

有一次，我惊喜地发现这名学生在数学日记上记录了自己对一个数学公式的深入探究，我当即决定在第二天的数学课上请他上讲台对全班同学讲一遍。他的发现并不深奥，因此，虽然他的表达并不十分清晰流畅，但全班同学几乎都听懂了，并由衷地为他送出掌声。那一刻，我发现他的眼中闪烁着激动、兴奋的光。从那以后，这名学生迷上了数学探究，迷上了写数学日记。

到了初三，他晚上或周末回家常常不做其他作业，而是伏案研究数学问题，一研究就是三四个小时。后来，又让他的父亲帮他买来《九章算术》和《几何原本》，饶有兴趣地阅读。他的父母又来找我，这次是希望我劝说他合理分配学习时间，特别是要在薄弱的文科上多下点工夫。我一口答应。这名学生后来的中考成绩很不错，毕业后不久，他的父母告诉我，他写了一篇论文《求 π 的一种方法》被一家中学生数学核心杂志录用了。我一点都不奇怪，因为在他上初三的那一年，他已经成为班级里的数学尖子了。

学生在学习的过程中产生了高峰体验，这种体验给他带来的快乐是无可替代的，因此出现了他一回家就钻研数学问题而达到忘我境界的景象。现在，很多孩子迷恋于网络游戏，也是因为游戏的设计者深谙孩子的心理，设置了恰当的阶梯，使得游戏者稍加努力就能取得初步成功，从而吸引他们继续深入地玩下去。当有些玩家经过不懈努力，历经磨难，终于攻克一道难关时，那种兴奋与满足必将在他心里留下深刻的印记，并成为他继续闯关的巨大动力。

现代心理学认为人的需求可以大致分为四个层次：生理需求、情绪需求、理性需求和超越需求。这四种需求又分别对应着四种动力：本能动力、情感动力、心智动力和心灵动力。高峰体验即是一种超越境界，处于这种状态中的人具有最高程度的认同，最接近真正的自我，达到了自己独一无二的人格或特质的顶点，潜能也会发挥到最大限度。

产生高峰体验之后，心理的抑郁以及其他阴影会一扫而空，人们会变得更加自信，对未来充满渴望，会用更加积极的心情去看待发生在身边的每一件事。另一方面，他也会觉得特别地幸运、感恩。表现为对命运、对自然、对造成这一奇迹的任何东西的感恩。

心理学上所说的高峰体验常常发生在自然环境和自然状态之中。美国的理查德·贝内特在《寻求你的高峰体验》中说："在任何情景下，你有过一种短暂的、突发的、奇妙惊喜的、敬畏的情绪体验，感觉自我，空间在消失或扩展，那就是一种高峰体验。"气功师或者瑜伽练习者在自然放松的状态下，调整呼吸，审视自我，当思维变得缓慢，意识逐渐模糊时，有些人会产生一种奇妙的体验，他们将之也称为"高峰体验"。

教育学上的高峰体验则更多地出现在工作和学习中。李开复在一次报告中曾经提到一个例子：微软亚洲研究院的主任研究员周明小时候在"学生劳动"中刷了 108 个瓶子，打破了纪录，从而获得自信。他说："我原来一直是没有自信心的，但是这件事给了我自信。这是我一生中最快乐的经验，散发着一种迷人的力量，一直持续到今天。我发现了天才的全部秘密，其实只有 6 个字：不要小看自己。"那种散发着迷人魅力的最快乐的经验就是高峰体验。

教育需要高峰体验，一个教师如果在教育中没有高峰体验的经历，他就不太可能热爱自己的职业。一个学生在课堂上没有享受过高峰体验，他就不太可能有求知的渴望。[①] 一名优秀的教师，一方面要在自己的教育实践中努力寻求高峰体验；另一方面，也要不断地探索、尝试给学生以高峰体验的方法和途径。在这样的理念指导下，我们的教育目标、教育过程以及对教育对象的认识都需要做出调整。

①赖配根. 2006：新课程行进的坐标在哪里 [J]. 人民教育，2006（23）：26－31.

人本主义心理学认为，教育的目标就是让孩子不断经历"高峰体验"，以完成自我实现。而教育过程应当是教师和学生的一种享受，一个兴趣由无到有，由低到高，由狭隘到宽广的过程，过程是第一位的，强调师生在教学过程中的体验和感受①。学生则是独特、生动的个体。在母亲的眼中，自己的孩子一定是聪明、可爱、充满奇迹的；教师也应当用这样的眼光看待学生，尊重他们的差异，期待他们的成功。

在课堂教学中，学生亦可能产生高峰体验。如果学生对这门学科感兴趣，这种可能性就更大。事实上，高峰体验常常发生在一种美的意境中，当学生感受到自然界的美、知识的美时，奇妙的体验便已经悄悄来临。张伟平在《"高峰体验"在中学语文教育中的实现刍议》一文中说："如一堂音乐课，当学生沉醉在优美的乐曲当中时，作为纯粹的欣赏者融入其中，他们可以忘掉那令人头疼的公式和分数，他们可以随着音乐畅游于另一个世界，可以因为想到某件难忘的事、某个难忘的人，感情而受到触动。又如一堂美术课，学生在色彩、颜料的任意挥洒中，情感得到释放和升华。""同样，语文作为知识和艺术相综合的学科，也能像音乐一样美妙，同样能引起高峰体验。我们在欣赏一篇美文或者自己创作出一篇好的文章的时候，心情是愉悦的，是幸福的。整个世界因为有了会欣赏的眼光变得更加美好，我们也因此更加热爱生活。语文应该充分利用其语言的优势，培养学生的感情生活，体验欢乐的审美态度，通过文化的熏陶使学生在优美的语言中感受到高峰体验，从而更强烈地感知自我和充分发挥自我创造力。"②

理科学习中同样会产生高峰体验。理科教学的真谛在于教会学生用

---

①田学红，刘徽，郑碧波. 马斯洛高峰体验学说及其对教学的启示［J］. 浙江师范大学学报：社会科学版，2004（3）：86－88.

②张伟平. "高峰体验"在中学语文教育中的现实争议［EB/OL］.（2008－12－11）［2010－03－01］. http：//www.xscbs.com.cn/2007－10－06/1190264779444.html.

正确的方式思考。苏霍姆林斯基说，只有当教师给学生带来思考、在思考中表现自己、用思考来指挥学生、用思考来使学生折服和钦佩的时候，他才能成为年轻心理的征服者、教育者和指导者。当一名教师用简洁准确的语言，引领学生走入知识的世界，让学生感受到世界的严谨与美，体会豁然开朗的震撼与喜悦，产生由衷的钦佩之情时，教师、学生以及这门学科就真正地融为一体了。我在多年的数学教学中，便努力追求这样的境界。学生的思维在课堂上自由驰骋，在我的提示和引导下，他们常常发出数学是奥妙无比的感慨，许多学生觉得"数学好玩"。在数学课上，学生不是在"学"数学，而是在"玩"数学。

体育锻炼中的高峰体验更是广为人知。例如长跑运动员在跑了一段较长的距离之后都会有一种体验，感觉到体力耗尽、呼吸困难，在他们的面前，似乎有一面墙，很难冲破，如果此时放弃，则前功尽弃；但只要坚持住，继续跑，过了这个极限，就将会体验到"跑步者高峰体验"，那时候，之前的筋疲力尽突然间消失了，人不再感受到身体的重量，即使跑到终点停下来也会有一种飘飘然的感觉。

一位教师在公开课上难得地进入到一种高峰体验的状态，他将此记录了下来。

大山，坐好！
我来给你拍照。
我给大山拍照，
因为它那样清高。

小草，挺腰！
我来给你拍照。
我给小草拍照，

因为它不嫌自己矮小。

蜡梅，笑笑！
我来给你拍照。
我给蜡梅拍照，
因为它在雪中独傲。

老师，站好！
我来给你拍照。
我给老师拍照，
因为他把人才塑造。

这是六年级学生高婵在作文教学观摩课上声情并茂朗读自己20分钟之内打造的"习作"。

在热烈的掌声中，执教的我兴奋地将坐在前排的高婵同学从拥挤的座位中一下子抱到了讲桌上。

台上台下先是哗然，接着是宁静，静得似乎都能听到彼此的呼吸与心跳。老师和同学都敛声屏气，全神贯注地盯着那个高高站在讲桌上的小女孩。

"这就是孙老师送给你的'新年礼物'——你比老师高！我需仰视才见！因为你在很短的时间之内，就创造了一篇富有童真童趣的优秀诗篇。这恐怕是我不能做到的，但是我能做到的是欣赏你，崇拜你！你的诗篇带给我内心的震撼和无言的感动。所以，我愿意再次聆听你的作品。"

那一刻，那个高高站在讲桌上的小女孩，不，那个高高站在所有观众眼睛之上的幸福的小女孩，被定格了，被放大了，被透视了；整个听课的会场，被磁化了，被净化了，被美化了；每一个在场的心灵，被点化了，被同化了，被感化了。①

　　这是真正的高峰体验，不仅包括学生、执教教师，还包括所有认真投入听课的教师。这也是教育教学的艺术真谛的体现。我们说，好的教育可以是润物无声的，也可以是震撼心灵的，而高峰体验则是一种最完美的震撼教育。

①孙建锋. 老师崇拜的学生 [J]. 教育科研论坛，2003（5）：79.

下篇　震撼教育36计

成功之花，人们往往惊羡它现时的明艳，然而当初，它的芽儿却浸透了奋斗的泪泉，洒满了牺牲的血雨。

——冰　心

知道事物应该是什么样，说明你是聪明的人；知道事物实际是什么样，说明你是有经验的人；知道怎样使事物变得更好，说明你是有才能的人。

——狄德罗

掌握了震撼教育的原理，我们就可以更好地运用它为我们的教育实践服务。本章遴选的很多案例并非我的创造，而是众多一线教师的实践经验。在这些案例中，我们会发现，许多老师已经自觉不自觉地运用震撼教育来解决遇到的问题，他们可能最初并没有明确的"震撼"概念，他们的原始动机很简单——如何才能使得自己的教育更成功、更有效？

　　"震撼教育36计"不可能囊括所有的策略，而且它们无法生搬硬套，读者应当触类旁通，随机应变。相信每一位教育者都能够也应当创造出属于自己的36计。

　　需要说明的是，在本章中，36计分别归属于四种实施策略之中。实际上，很多计策往往是多种策略模式的混合体。为了结构的清晰，我们暂将其纳入其中一种策略之中，至于是否合适，留待读者自行鉴别。

极致行为策略

第1计：暴雨筛

困难与折磨对于人来说，是一把打向坯料的锤，打掉的应是脆弱的铁屑，锻成的将是锋利的钢刀。

——契诃夫

"暴雨筛"指的是我们可以利用恶劣条件或艰苦环境让孩子接受锻炼，让他们变得更坚强。暴雨筛取名于毕淑敏的一篇同名短文。

暴雨筛

南方的女友讲过这样一个故事。

她说，我35岁的时候，考上了一所夜大学。每天下班后，要穿越五条街道去读书。一天傍晚，台风突然来了，暴雨像牛仔的皮带一样宽，翻卷着抽打天地。老师还会不会上课呢？我拿不准。那时，电话还不普及，打探不到确实的消息。考虑了片刻，我穿上雨衣，又撑开一把伞，双重保险，冲出屋门。风雨中，伞立刻被劈开，成了几块碎布。雨衣阴险地背叛了我，涨鼓如帆，拼命要裹挟我去云中。我只有扔了雨衣，连滚带爬。渺无人迹的城市中，我惊惶地想到，是不是只有我一个人这样傻？也许今天根本就不上课。

我迟疑了片刻，但咬紧牙，继续向前。好不容易到了学校，贴身的衣服已像海带一般冷硬，牙齿像上了发条似的打战。没想到看门的老人说，从老师到学生，除了你，没有一个人来！

那一瞬，我非常绝望。不单是极端的辛苦化为泡沫，更有无穷的委屈和沮丧。

老人看我失魂落魄的样子，让我进他的小屋歇口气。喝着他沏的热茶，我心灰意懒。伴着窗外瀑布般的水龙，老人缓缓地说，你以后会有大出息。我说，我是一个大傻瓜啊。

他说，所有学生里，只有你一个人来上学了。看，暴雨是一个筛子。胆小的，思前想后的，都被它筛了下去，留下了最有胆量和最不怕吃苦的人。

那一瞬，好似空中打了一个闪电，我的心被照得雪亮。也许我不是三千学生当中最聪明的，但今晚的暴雨，让我知道了，我是三千学生中最有胆量和毅力的人。

从那以后，我就多了自信。你晓得，天地万物都会齐来帮助一个自信的人。所以，我就一步步地有了今天的成功。

我说，那位老人，是你人生最重要的导师之一啊。

文中这位主人公后来的成功源自她的自信，而她的自信源自那一天的离奇际遇。突如其来的台风、暴雨，考验的其实是一个人内心的坚强信念——我要读书！结果呢？"那一瞬，好似空中打了一个闪电，我的心被照得雪亮。"这种震撼，一生难忘。

人与人的差距是客观存在的。这种差距，在每个人刚出生时就已经存在，但决定一个人一生成就的是其内心的执著信念。这种意志品质的差距平时看不出来，但一旦碰到突发事件，结果就分明地呈现出来。

一位高三班主任曾讲过她经历的一件事。某年冬天，天降大雪，学校教务处通知，学生可自愿决定是否来校上晚自修。结果当天全班一共有 19 个学生坚持来校上完两节晚自修，细心的班主任将这些学生的名单都记了下来。等到高考发榜时，她惊呆了！班级里考上本科的，恰恰就是这 19 个人！

当学生面对困难畏惧、退缩时，教师所要做的不仅仅是保护他、安慰他，更要鼓励他勇于接受挑战，在迎击风雨中锻炼他，使他变得更强大。

必须揭开的伤疤

这是美国华盛顿市郊的一个福利院。一天，院长开门时，听见门口传来一阵婴儿的啼哭，探身一看，墙角处平放着一个女婴，竟然少了五根指头。院长给她起了个名字，叫做珍妮。

院里的孩子们，大多是有缺陷的。所以，不论是院长、老师们，还是来做义工的人，都努力呵护着他们脆弱的心房，给予加倍的关怀。并且，尽量防止一切可能对孩子的自尊产生刺激的事情发生。

可是，这一切规则被新来的体育老师打破了。他居然冒天下之大不韪将有缺陷的孩子分成小组，再根据每组情况的不同，要求他们做各种似乎已经超越孩子们承受能力的游戏。院长知道后，大为恼火，他斥责这个年轻人不理智，这些孩子们需要保护，不要去揭开那些陈年的伤疤。

可是，这位老师却坚持认为，即使是有缺陷的孩子也应该有正视自己的勇气，并且有为自己开拓新天地的梦想。

于是，他在认真观察、悉心开导后，仍然坚持让一些腿部有疾病的孩子坐着去打球，让上肢有问题的孩子去参加赛跑游戏。

日子久了，院长惊奇地发现，那个叫珍妮的小女孩居然潜藏着赛跑的天分，虽然少了五根指头，可是爆发力却极好，自信开始一天天出现在那张稚气、绽满笑容的脸庞上。

令人振奋的情形接踵而至，孩子们渐渐开始展示出一些许多常人所意想不到的强项：有的擅长沟通，能够在最短的时间内将自己手里的鲜花推销出去；有的喜欢运动，热爱体育；有的练就了一手不错的厨艺……而那位最让院长心疼的小珍妮，29年后，终于凭借自己的努力，登上了残奥会的领奖台。①

有教师喜欢带着自愿报名的学生远足。每到筋疲力尽时，他总是鼓励学生坚持再坚持；当到达终点时，师生都享受到浴火重生般的巨大喜悦。

挫折和磨难能让弱者低头，但会让强者更强。雨果说，每一次小小的克制都会使人变得更坚强。暴雨筛对人的考验也是如此。在学生做好准备的时候，带着他们一起向磨难发起挑战，在挑战中磨炼意志，收获信心，在磨难中完善自我，得到升华。高尔基说，让暴风雨来得更猛烈些吧！这是勇敢者的呐喊，是挑战自我的宣言。

【要诀】

* 教师可经常带着学生做一些挑战潜能的运动，例如长跑、远足、爬山等，并用暴雨筛的故事鼓励那些落后者，让他们不要被筛掉，坚持就是胜利。当然，安全第一。

* 对于那些成长过程过于顺利的孩子，教师或家长可人为设置一些突然的障碍，以考验其反应，并不断提高其抗挫折能力。

* 可制定一些标准，"设定"威力不同的"小雨筛""中雨筛""暴雨筛"。通过考验的学生可按级别授予相应的称号，以鼓励其培养自身意志力的积极性。

---

① 文飞. 必须揭开的伤疤 [J]. 中国校外教育：优等生，2008（7）：23.

第2计：苦肉计

桃李不言，下自成蹊。

——司马迁《史记·李将军列传》

一位班主任在班级管理中遇到了一名女生的对抗。这名女生性格内向，沉默寡言。班主任不知道什么地方得罪了她，几次三番问她原因，女生就是不说。然而她的眼神和行动表明她对班主任是心怀怨恨的。班主任约她谈话，她不袒露心扉；班主任说要去家访，她回绝说家里没人。后来，在一名有经验的教师的指点下，班主任实施了苦肉计，一举打破僵局。

在一个大雨滂沱的傍晚，班主任选择到女生家里家访。她计算好了时间，比女生提前十分钟左右到她家，却没有上楼，而是站在楼下等。雨下得很大，班主任没有打伞，全身上下完全湿透。女生走到家门口，发现楼下一人淋得跟落汤鸡一样，再仔细一看，竟然是自己的班主任。此时，哪怕再硬的心肠也会变软，女生马上把班主任请到家里，递上热毛巾。在随后的交谈中女生终于说出自己的心结，经班主任解释后，原来竟是一场误会。再也没有比阴霾之后的晴朗更让人心情舒畅的了，两人从曾经的隔阂猜疑一下子变得亲密无间。

除非万不得已，一般我们不鼓励教师实施苦肉计，因为教师必须做出适当的牺牲，有时甚至要吃一点苦。但是如果能换来学生的成长、进步，吃一点苦也是值得的。

另一种"体罚"

那是我第一次用"体罚"的方式教育学生，但这次"体罚"所产生的效果完全出乎我的预料，也使我更加深切地体会到学生的潜力是无穷的，学生身上永远有值得老师学习的地方！

在上一级所教学生中有一个很聪明又很调皮、自制力较差、成绩也较差的男孩，他上课经常连课本都不带，每节课最多坚持20分钟，之后便如坐针毡，每节课要提醒他好几次。批评和表扬对他来说效果都不明显，为此我大伤脑筋。

大约在毕业前三个月，第一次中考拉练之后，他只考了26分（满分50分），这个成绩中考时是没有任何竞争力的。作为教师最着急的事情莫过于眼看着那些聪明的学生成绩不好而无能为力了。我决定对他实施"体罚"措施。

放学后，我把他叫到办公室，让他伸出右手。他莫名其妙地看着我，不知道我要干什么。我提示他，把手放平，手心朝上，他乖乖地照做了，然后我在他手心狠狠击了一掌，之后把我的手心和他的手心放在一起让他看。那是一个身高一米八几的大男孩，那只手又大又厚，比我的手大得多，当他看到我的手掌已经通红，而他的手掌几乎没有什么变化时，他惊讶地睁大了眼睛。我接着说："刚才我打了你一巴掌，你也打了我一巴掌。我打你是因为你没有学好，你没有尽到你的责任；你打我是因为我没有把你教好，我也没有尽到我的责任。下一步，我想尽我最大的努力把你教好，你呢？"听惯了批评的他，做好了挨批的准备，没想到听到的却是老师的自我批评。他又一次惊讶地看着我，神情严肃而又坚定地说："老师，从明天开始看我的！""好，老师相信你是真正的男子汉。"

从他的眼神中，我看得出，这一巴掌打到他的心里去了，这是成功的一巴掌！

从那以后，这个男孩简直就像变了一个人，上课看到的是他那努力克制的专注的神情，作业不但按时上交，而且书写工整认真，课间还经常到我办公室问问题（在这之前，他都不知道我的办公室在哪里）。每当我的目光在他脸上停留，我都会给他鼓励的微笑，每次作业我都给他写鼓励性批语。我想，我在他身上无须付出很多，只要肯定他的努力和他取得的哪怕是微小的成绩，只要在他的自制力开始动摇时给他一个鼓励的眼神即可！第二次拉练时，他的化学成绩达到35分，大大超出平均分，其他科的成绩也有明显提高。最后的中考，他出人意料地考入了很多人向往的安丘一中！

他拿着录取通知书来看我时说的一番话，让我深受启发和感动。"在那苦干的三个月里，我多次想动摇，这时我就用自己的右手狠狠地打左手一巴掌，以此来警告自己。几次之后我的自制力慢慢增强了，我能坐住了。"①

这个案例中教师打了学生一掌，学生毫发无损，教师手掌通红。这个做法形象地演示了教师殚精竭虑而学生无动于衷的事实，但却比陈述事实本身更能够打动学生的心。那一掌老师肯定打得很疼，但是教师的疼进入了学生的内心，并成为激励学生前行的动力。击一掌胜过无数劝说的话语，可谓高效。

苦肉计并不总是会有效，实际上，这也是对师生关系的最后考验。如果教师在做出自我牺牲的情况下，学生依旧无法感动，那么，苦肉计也就算是教师对自我的惩罚吧。

---

①宿秀菊. 另一种"体罚"［J］. 教师博览，2006（8）：45.

【要诀】

　　* 苦肉计是在苦口婆心的说教不能产生效果之后的一种震撼举措，以感动学生为目的。当师生之间存在隔阂时，可采用此招。

　　* 苦肉计只能暂时融化师生之间的坚冰，要融洽关系还需要进一步的坦承沟通。

　　* 实施苦肉计要适可而止，不要成为自残和自虐，尤其要考虑学生的心理承受能力。

第3计：平地雷

弱者等待时机，强者制造时机。

——居里夫人

"平地雷"是一种吸引学生注意力的做法，教育者通过一种突然的举措，在瞬间让所有学生的注意力高度集中。

一位数学教师在讲解公式的变化时突然大喝一声："同学们，看好！我要变形了！"此语意含双关，也许教师自己一开始并没有意识到，但是学生却大笑不止，并传为教师经典语录。

另一位教师则是这种做法的高手，他经常运用此法，这使他的课堂教学生动活泼，妙趣横生。

经验成了绊脚石

十多年的教学实践，使我在课堂上游刃有余。新课改后，思想品德教材的内容更贴近学生实际，还给了学生一个更为自主的空间，加上我的巧妙构思，使得现在的课堂更加生动活泼，妙趣横生，我也为自己时常的独具匠心自鸣得意。

在学习"维护人身权利"时，我精心构思了课前预案。上课后，我走上讲台，一改往日的亲和，绷着脸严厉地把一个学生叫到前面："上课铃已经响了，你怎么还没做好准备，竟和同桌说话传起纸条来！"学生反驳道："我没传！"我故作生气，更严厉地说道："没有？我都看见了还有假吗？纸条没传出去，就在你衣兜里，不信我们当众搜一下？"学生为证明自己的清白，委屈地说："搜就搜！"我突然来了个一百八十度的大转弯，说："你是清白的，请回到你的位子上。"学生这时都丈二和尚摸不着头脑。我接着往下说："首先我表达我的歉意。未经你的允许，让你提前进入到了教师创设的情境中来，如果这一行为给你带来什么不便和伤害的话，请接受老师诚挚的道歉。但是你刚才的回答却让老师感到很遗憾，如果这样去搜你的身，老师就等于侵犯了你的一项基本权利。刚才的实验表明，你们对这项权利认识得还很不清晰，所以我们这一节课就一块儿来认真地探究一下这一基本权利——人身权利。"我的话一说完，学生如梦初醒，那名学生也不好意思地笑了。我想人身权利这个概念已经让他们铭记在心。

我很得意我的这种即兴之作，因为它总是带来意想不到的良好效果，我很有一种"文章本天成，妙手偶得之"的成功感。①

然而这种做法本身也存在一定风险，尤其是如果实施对象不当，会造成学生心理的抵触。这篇文章名为"经验成了绊脚石"，文章的后半段便提到了在另一个场景中的失败与尴尬。

在讲述"维护人格尊严"时，我故伎重演，依照我的"神机妙算"开始了这节课。上课一开始我先提问上节课的内容，从回答问题的学生中找了一个不熟练的，按照事先的"精心策划"，我对这个吞吞吐吐的学生表现出很"不满意"的表情，并对他大声吼道："你真是孺子不可教，朽木不可雕，这么简单的问题都掌握不好，全班恐怕再也找不到比你笨的人了！"此刻教室里鸦雀无声，谁也没想到一向温文尔雅、妙趣横生的老师今天会说出这样的话。看到已经出现的教学效果，我突然微笑着对

①汪媛. 经验成了绊脚石 [J]. 班主任之友：中学版，2008（1）：45.

这个学生说："首先我要表达我的歉意。未经你的允许，让你提前进入到了老师创设的情境中来，如果这一行为给你带来什么不便和伤害的话，请接受老师的真诚道歉。"其他的学生听到我这几句话，体会出了我的目的，笑了。我接着问那个学生，"假如老师在课堂上真的这样评价你，你认为老师的做法对吗？"但这个学生此时此刻只是不停地往下掉眼泪，没有心情回答我的问题。其他学生对这节课的学习理解透彻、兴趣盎然，但他一直低着头，没有从悲伤中恢复过来。下课后，我又把他叫到办公室，再次诚恳地道歉，请求他的原谅，很久之后他才点了点头……

如果说第一个例子中的学生最终能够理解教师的故意"栽赃"，第二个例子中的教师则是赤裸裸的人身攻击，无法取得学生的谅解。孔子说，过犹不及。没有掌握好度，事情反而弄得很糟糕。

平地一声惊雷，的确会有效果，但是此法的成功实施对外部条件要求较高，因此，必须谨慎使用。首先，师生之间必须没有隔阂，否则会造成误会；其次，学生的心理素质必须过硬，否则一惊一乍的，成人也吃不消；最后，教师要能够把握火候，适可而止，并能够自圆其说，让学生有恍然大悟之感。

【要诀】

　　* 在学生注意力分散的时候突然说一句提神的话，类似"注意了"的意思，但是表达方式极具个人风格。

　　* 当众做一些匪夷所思的事，说一些匪夷所思的话，例如故意误解对方的意思或者误会对方等，但是浅尝辄止，以此来说明一个道理。

＊ 新课的引入或者讲演的开场白偶尔使用效果会非常好。

＊ 当学生仔细聆听时，要适时向学生解释这样做的原因，让他们理解。

＊ 此法不可常用，被学生熟悉之后效果将大打折扣。

第4计：催笑弹

幽默如从天而降的湿润细雨，将我们孕育在一种人与人之间友情的愉快与安适的气氛中。它犹如潺潺溪流或者照映在碧绿如茵的草地上的阳光。

——林语堂

"催笑弹"即教师用幽默的语言让学生开怀大笑。

复旦大学曾经举办了一次"我心中的十大杰出教授"评选活动，外语学院的陆谷孙以最高票当选。他举办的讲座，不仅外语系学生喜欢，其他系的学生也踊跃参加，常常爆满。陆谷孙的诀窍在于他上课时语言幽默，妙趣横生。他有一句名言——"一节课至少要让学生大笑三次"。

如今，这个理念已深入人心。

一位班主任看见班级里有男生抽烟，没有直接批评，而是对全班同学说，抽烟有两大好处，学生都很讶异。教师接着说，一是能引起咳嗽，夜晚能把小偷吓跑；二是长期抽烟，可以形成驼背，做衣服时能节省布料。学生恍然大悟，发出愉快的笑声，那名抽烟的学生也十分不好意思。

一位老教授给师范学院的毕业生上示范课。他走上讲台后，学生齐声说——老师好。老教授却眼睛一瞪说，你们错了。学生愕然。教授说，我不是你们的老师，我是你们老师的老师，你们应该叫我什么呀？学生醒悟，齐声说——师爷好。课堂气氛一下变得十分轻松愉快。老教授的开场白让那些即将踏上教师岗位的学生毕生难忘。

对一名教师来说，掌握幽默这一工具将会受益无穷。几乎所有的学生都喜欢幽默的教师，幽默已经成了教师开展教学的重要辅助工具之一。

幽默效应

曾经听说过这样一件事。

一节语文课上，老师津津乐道讲兴正浓，而紧挨着讲台的一名女生却在埋头做着数学作业。老师发现后顿了一下，那位做着作业的女生似乎意识到了什么，抬起头来，正与老师的目光相遇。她等待着一场暴风雨的"洗礼"。孰料，语文老师只是微笑着问了一句："是不是觉得最危险的地方最安全？"同学们都笑了，那位女生亦为之赧然。她随即收好书本，正襟危坐。大家的注意力也更加集中了。一堂课便如同一支轻音乐，在经历了一个短暂的休止符之后，又轻快地流淌起来。

当教师的恐怕没有多少人未曾在课上遇到过诸如此类大大小小、形形色色的"偶发事件"。处理人人都会，而具体方法却是各有巧妙。上述故事中那位老师遇事不动声色，幽上一默，避免了一场耗"能"、费时，可能会给师生双方的心理造成不良影响的"急风暴雨"，寓庄于谐，寓教于乐，实乃明智之举。

……

事实上，幽默不仅可以消融师生间消极的戒备防范心理，拉近师生间的距离，它还是一种帮助消化吸收所学知识的"催化剂"。

我的一位同人同时在两个班级讲授逻辑学中的"归谬法"，一个班级的讲授方法是由概念到概念，结果教者颇费口舌，学生却懵懵懂懂；再到另一个班授课时，他先讲了这样一则故事。

加拿大人朗宁自幼生长在中国，竞选州长时对手攻击他，说他是吃中国奶妈的乳汁长大的，身上有中国血统。朗宁回答道："不错，我是吃中国奶妈的乳汁长大的。不过我听说你是喝牛奶长大的，那你身上一定有牛的血统了？"

学生听罢大笑。然后教师指导学生经过一番认真的思索、辩论，进而得出结论：像朗宁这般按照对方的推理逻辑推出一个明显荒谬的结论从而驳倒对方的观点的推理方式即为"归谬法"。以一则幽默故事替代"空对空"式的枯燥乏味的讲授，讲起来生动，听起来受用，理解、掌握起来轻松，收到了事半功倍之效。①

著名演说家海因兹·雷曼麦说："用幽默的方式说出严肃的真理，比直截了当地提出更能为人接受。"幽默是一种素养，教师必须勤加练习和积累，不断增加自己的幽默细胞。想成为受学生欢迎的老师吗？那就开始行动吧。

【要诀】

* 阅读经典笑话，仔细体会其幽默风趣之处。
* 注意收集那些好的有用的笑话，并记住一些。
* 要注意场合和对象。
* 不可以拿别人开玩笑，尤其不可以针对别人的生理特点。
* 可以拿自己开玩笑，但也尽量不要过分贬损自己。
* 同样的幽默，不要在同样的地点、对同样的人群使用三次以上。

①王淦生. 幽默效应 [J]. 班主任之友：中学版，2006（3）：54－55.

第5计：变形记

> 由俭入奢易，由奢入俭难。
>
> ——司马光《训俭示康》

《变形记》是湖南卫视的一档生活类角色互换节目，主要是挑选一些有代表性的人物进行互换人生体验。节目同时全程每天 24 小时跟拍，粗加剪辑后原生态播出。《变形记》秉承"换位思考"的思维理念，并且推至极致。在节目中，参与者不仅要站在对方立场去理解对方，还要去过对方的生活，真正体验对方最微妙的情绪触动。

首期《变形记》的主角是长沙网瘾少年魏程和青海山区少年高占喜。在短短的七天里，魏程去青海省民和县的朵卜村给一个盲人爸爸当儿子，吃粗面馍馍，下地干农活；而盲人爸爸的儿子高占喜则来到长沙，在魏程家体验魏程久已厌倦的富足生活。

在一周的角色互换中，平时看起来冷漠的城市孩子魏程，居然因为学校老师、同学对他尊重的目光而变得开朗、好学，更因为感动于盲人爸爸的淳朴善良而哭泣着跪倒在他的面前。而农村孩子高占喜，最后并没有因城市的繁华、临时家庭的富有而迷失本性，他依然能够看清自己脚下的路，主动提出回到农村，继续做他的农活，吃他的黑馍馍，他下定决心，要努力读书，真正过上富有的日子。"变形"不仅对当事人有很强烈的心灵震撼，更给了电视机前广大观众以强烈的思想冲击。

从教育的角度来说，儿童自身的体验和感悟是永远不可被代替的，再多的说教也抵不上一次亲身的经历。《变形记》的理念应当为教育者善加运用。国外的学校在这方面有许多好的尝试。

英国的爱心增长课

不久前，医生凯琳到英国南部的一所小学去拜访一位从教的同学。刚进校园，她就看见一个拄着拐杖的男孩一瘸一拐地从面前走过。不一会儿，又见一个眼睛上缠着纱布的女孩，被一个比她小两三岁的男孩搀扶着小心翼翼地走进教室。

凯琳见到她的朋友后，着急地问："哎呀，怎么你们这里有这么多的残疾儿童？"她的同学一听就笑了，起忙解释说："你以为他们都是残疾人吗？错了，这是我们学校新开设的爱心增长课。为了使这些幼小的心灵能够真正理解和同情别人的疾苦和不幸，我们要求本校所有的学生，在一个学期当中，每个人都过一个盲人日、一个病日、一个聋日、一个肢残日和一个哑日。例如在盲日这一天，他的眼睛就被结实地包起来，什么都看不见，这就意味着他们在每件事上都需要别人的扶持。然后我们再分派其他的孩子去帮助他们、引领他们。这就会使盲者和帮助他们的人都从中受到教益。"

凯琳来到一个蒙着眼睛的小女孩面前，关切地问："你一天到晚看不见东西，不觉得难受吗？""不，开始的时候是有些难受，但想想那些终生都看不见东西的人，自己觉得太幸运了。"接着，小女孩又兴致勃勃地说："正如我们老师所说，感受别人的痛苦，才能增长自己的爱心。自从过了盲日、病日、哑日和肢残日之后，我们的爱心已增长了十倍。现在每遇到一个残疾人和有困难的人，我都想马上去帮助他们。因为给需要帮助的人献上爱心，也是一件非常快乐的事情。"

人的仁爱之心，在三种情况下最容易被激发出来：一种是对别人的艰难和困苦能够充分理解和同情的时候；一种是个人的关爱和救助活动能够得到他人乃至自己所在的社会环境的赞许和肯定的时候；再一种是自己把同情弱者和帮助他真正当成是一种快乐的时候。显然，这类"爱心增长课"就恰恰在这三个方面给学生提供了切身感受。感受痛苦才能理解痛苦，需要帮助才会愿意帮助，让别人快乐、幸福，自己才能感受幸福。英国的小学教育者们正是充分认识到这一点，所以才别出心裁地开设了这一门特殊的课程。①

国内也有一些类似的体验课程，如上海高中生的学农、军训等。在西方许多国家，男孩成年之后都要服兵役，这不仅仅是国防的需要，对男孩的成长也极具帮助。当过兵的人普遍更加坚强、勇敢、耐挫，而且更善于服从、合作，更具有责任感。去体验一种与当下差距极大乃至截然不同的生活，这就是一种"变形"。

现在有一种教育体验活动也很流行，叫做"生存体验"。一些中学生或者大学生来到一个陌生的城市，身上没有钱或者只带极少量的钱，自己想办法在这个城市生存下去，时间短则一个星期，长则一个月。媒体对此类活动十分热衷，常常进行跟踪报道。

很久以前，我曾经读过一则新闻，说一对北欧的中年夫妇，离退休还有很多的年头，却辞去工作，并将自己的家产变卖，开始环球旅行。当时我非常不理解，现在却十分钦佩他们的勇气。人的一生非常短暂，对他们来说，体验不同的风土人情，充实自己的心灵更为重要，在环游地球之后世界于他们而言，比一般的人更为丰富精彩。

【要诀】

* 可组织班级学生开展一些小型的社会体验活动，例如到街头

---

① 沈彦. 英国的爱心增长课 [N]. 文汇报，2006－07－24.

做交通协管员，到超市里当实习收银员等。

　　＊ 在教学中开展师生角色互易的活动，创造让学生上台讲课的机会。

　　＊ 在班级开展一些体验日活动，让学生体会残疾人或者孕妇的感受。

　　＊ 在班级里推行值日班长制度，让学生体验管理者的艰辛。

　　＊ 在学校里开展小小风纪专员活动，让学生对违纪现象进行管理。

　　＊ 发挥想象力，创造其他有益的"变形"课程。

第6计：随形影

近朱者赤，近墨者黑。

——傅　玄

"随形影"指的是让学生像影子一样跟着教师，以使其获得更多体验。

牛顿说过一句话，如果说我比别人看得更远，那是因为我站在了巨人的肩上。中国也有一句话，"虎父无犬子"，也就是说，如果一个人的身边有一个优秀的榜样，他很可能就会有一个比较高的起点，视野也更开阔。

在班主任工作中，许多教师对此做了有益的尝试。有些教师让学生成为自己的影子，连家访都带着学生。

带学生一起去家访

很多时候，周末或晚上，只要有空，我往往会邀上一两个学生，和我一同去家访。住在同一方向同一区域的学生，都是我家访的对象。这种家访的意图在于了解学生的家庭情况，学生与父母的感情亲密程度，学生在家是否勤快懂事，是否尊老爱幼等。其实这些方面绝大多数学生都做得较好，只是平时往往被老师忽视，今天得以在同学和老师面前展现，内心自然欣喜。而我向家长反映的也多是学生在校的优良表现，对于缺点与不足，实在必要时才适当予以提醒。在这种家访中，我给学生和家长送去的是关心与问候、微笑与赞许。每当我和家长交谈时，我的学生也在一旁亲热地交谈着。这种时候气氛是轻松愉悦的。每当我看到身边一群学生有说有笑，行进在家访的路途上，我就很自然地想起《论语》中的那段描述："莫春者，春服既成，冠者五六人，童子六七人，浴乎沂，风乎舞雩，咏而归。"记得当初第一次读到此处时，我并不理解孔子何以"吾与点也"，熟读之后终于顿悟，原来这番情景正是孔子理想中的天人合一的和谐社会。我的学生簇拥在我的身边，开心说笑，无拘无束，不正是一个老师、一个班主任所追求的融洽和谐的师生关系吗？

　　家访途中，用不着多讲道理，学生亲眼见到、亲身感受到老师对每一个学生的重视与关心，对家长的理解与热忱，也见证了老师一路奔忙的辛劳。有了这样一番经历，学生与班主任距离拉近了，隔阂消除了，感情加深了，他们对班主任也自然多了一份理解与敬重。而且，同学之间也因此增进了了解，加深了友谊，班集体也自然更和谐友爱——这是一个班级形成良好班风的重要基础。因此，我一直坚持这种看似没有目的，其实大有深意的家访，它对我来说，非但不是一件苦差事，反而是我繁忙工作中的一种放松，因为它往往给我带来愉悦和轻松。①

　　带着学生家访，这可真是一个好主意。教师不必要求学生做什么，只要让他跟在后面，观察教师的所作所为，就是很好的教育。

　　在校园生活中，学生和教师处于两个不同的世界。一个学生中学毕业之后若干年，又回到母校当了老师，便很强烈地感受到这一点。同样的一位教师，以前是他的班主任，现在是他的同事，形象大为不同。在学生成长的过程中，师生作为两个不同的群体，也不可避免地会产生矛盾和冲突。通过让学生了解教师的生活，可以让学生更多地体会教师工作的不易，从而达到更深层次的师生情感交融。

①饶明春. 特别的家访 [J]. 班主任之友：中学版，2008（4）：20－21.

演员"体验生活"也是随形影的一例。一些演员在塑造一个以前从没有演绎过的角色时，为了能更准确地表演，常常会找一个相同职业的人，如影随形地跟着他。例如：要扮演一位陆军的指战员，如果没有当兵的经历，怎么行？到部队里，找一位军官，跟着他过一个月的军旅生活，感觉就有了。

随行影的理念如今在教育领域有了广泛的运用。一些学校会给学生设立"校长助理"一职，优秀的学生干部得以有一天的机会跟着校长一起工作。校长办公会议，他参加；学校行政会议，他参加；校长召开的班主任会议，他也参加。并不是要让他提什么建议或者做什么决定，只是让他体验一下另一种他未知的生活。这种体验在小干部的成长经历中往往能留下难忘的记忆。

让孩子结识校长

德国的一所公立小学，对 1990 年本校毕业的 300 名学生进行了长达 15 年的"成长跟踪"调查。最近，他们整理出了跟踪调查结果，发现了一个有趣的现象：300 名毕业生分别上完初中、高中和大学，陆续走上工作岗位后，已经得到提拔重用的有 68 人。而令人难以置信的是，在这 68 人中，在小学时有 33 人给校长写过信，有 20 人与校长共进过午餐，有 12 人参加过学校组织的演讲活动，也就是说，68 个最先得到社会认可也最先找到用武之地的学生，有 65 人在小学时都结识了校长，占总人数的 95.6%。

看了这个结果，他们得出了结论，凡是小学时就结识了校长的人，一般都具备三个特征：一是不怵权威，二是善于与人沟通，三是乐于在"大人物"面前进行自我表现。于是，这所学校从 2007 年开始，开展了一系列的"勇敢者活动"引导孩子们通过写信、发邮件、打电话等不同的形式，关心时事，关心环境，关心他人，进而结识校长和各种各样的"大人物"。①

在教师培训中，"影子项目""影子工程"也受到了越来越多的重视。校长和教师们已经不满足于单调乏味的报告、走马观花的参观，而更追求培训留下的印记。于是，"影子"培训计划应运而生。此计划顾名思义，就是让被培训者跟着培训者，成为他的影子。对方做什么，他便也做什么。

你看电视转播的足球比赛，在双方运动员入场时，每个人手里都牵着一个穿着同样比赛运动服的小孩，就像自己的小影子一样。为什么要这么做？说不定，十几年后其中就有人会成为巨星。

【要诀】

　　＊ 在班级里设立相应职位，如"助理班主任"等，由学生担任。

　　＊ 让助理班主任成为班主任的"影子"，体验班主任典型的一日生活。

　　＊ 在家访、培训等活动中，可以让一些学生干部跟随参与。

　　＊ 把更多的学生介绍给校长或者其他重要人物。

---

①汪金友. 让孩子结识校长 [N]. 北京晚报，2006－08－07.

第7计：垂范员

我并无过人的特长，只是忠诚老实，不自欺欺人，想做一个"以身作则"来教育人的平常人。

——吴玉章

"垂范员"指教师以自己的行为来教育学生。

一位老师在批阅一本学生作业时十分恼怒，因为学生的书写极不规范，教师随手在作业本上留下"书写要认真"五个字。第二天学生作业交上来之后老师十分抓狂，因为那位学生的书写没有任何改进。于是他把学生叫到办公室，严厉地说，你的作业书写态度要端正，老师昨天已经给你写了评语。来，把老师写的评语读一遍。学生看了很长时间，胆怯地说，老师，你的评语中有好几个字我不认识。原来，这位老师的字写得龙飞凤舞，难怪学生认不出来。

教师的以身垂范是一种极具"杀伤力"的教育手段，难怪大教育家叶圣陶说，教育工作的所有任务就是为人师表。

周老师治"操"记

班主任周老师最近有点烦：班里的课间操评比接连被学校扣分！

至于原因，有时是队伍排得不整齐，有时是动作不规范，或者懒懒散散，"出工不出力"。为此，周老师没少批评教育学生，但是情况并不见好转。周老师急了，决定亲自出马，狠抓出操纪律。

于是，连续几天课间操后全班学生都被留在操场上，周老师一个一个地审查，谁不达标就留下来重做，直到满意为止。

经过周老师的一番整治，学生的精神面貌果然好了很多，扣分的次数也比以前明显减少，周老师暗暗松了口气。

谁知道没过多久，情况再次告急。周老师一了解，原来学生们看到周老师这段时间有所放松，不再天天检查了，所以"死灰复燃"。这当然逃不过负责检查的学生会干部的"火眼金睛"，一张张"罚单"又陆续送到了周老师的办公桌上。

这次，周老师反而冷静下来，看来光靠处罚已经没什么效果，得想点其他的办法。

第二天，《运动员进行曲》一响起，就看见周老师一身运动装，健步跑向操场，径直站在本班学生队伍的前面。

广播体操的音乐响起，在学生们惊诧的目光中，周老师伸手弯腰，轻松自如地做起操来。

学生们开始觉得好笑：今天"老班"怎么心血来潮，跟我们一起做起操来了？渐渐地，大家就不再笑了，在周老师的带领下，大家都认真地做了起来。

从此以后，每到课间操时间，周老师准时到场，跟着大家一起做操。

学生们看到"老班"身先士卒，自然也不好意思落后啊！于是人人精神抖擞，个个热情高涨，把广播体操做得像"阅兵式"一样整齐、有力，令其他班的老师和同学看得目瞪口呆——他们是不是打了兴奋剂啊？

结果，在学期末的评比中，周老师班的课间操评分名列全校第一。没有斥责，没有说教，周老师用自己的行动让学生们明白了该怎样做操。①

---

①曾建华. 周老师治"操"记 [J]. 班主任之友：中学版，2008（7）：50.

在很多学校，学生做广播操时，教师多在一旁观看，在学校没有要求的情况下，能主动和学生一起做操的教师少之又少。周老师的高明之处在于，他不仅做，而且高调地做。穿着专业服装，站在学生队伍的最前面，一板一眼认真地做！对学生来说，教师的行为是一种无声的感染，它既是鼓励，也是谴责。学生热情高涨跟着做操也就顺理成章了。

孔子说："其身正，不令而行；其身不正，虽令不从。"今天，教育已经不再是说教和灌输，而是影响与熏陶，教师教学生不再是——我说、你听，而是——我做、你看。教师的一言一行，就是最好的教育手段。

【要诀】

* 要求学生做到的，教师自己要先做到。

* 学生某些方面表现不好，教师要先寻找自己的原因，并且一定能在自己身上找出原因。

* 把自己一天的工作拍成录像，仔细研究改进。

* 寻找适当时机，高调出场，在学生面前做良好示范，并做到认真严肃，有始有终。

第8计："生死"关

> 世界上最遥远的距离不是生与死，而是我明明站在你面前，你却不知道我爱你。
>
> ——泰戈尔

"生死"关，意指教师设置与"死亡"有关的情境让学生体验，并对学生的行为加以指导。

一位班主任带着十几个学生在一次社会实践活动中经历了一生难忘的险境。那天，他们住在一个小山村里，晚上突然下起暴雨，雨势越来越大，竟遭遇了60年一遇的山洪，整个小山村都被冲垮了。幸好，有经验的村民在此过程中已经有所察觉，在最后一刻，所有人都转移到了安全的高处。这一生死关头的经历使得所有人对生命有了新的认识，那一晚大家在黑暗中与洪水搏斗的情景历历在目，并成为后来克服困难的勇气来源。

这样的教育情境是可遇不可求的。第一，教师无法设置连自己都无法预知的真实生死场景，太假没有效果，太真则无法控制；第二，教育的目的还是为了让孩子更好地成长，死亡教育可以通过其他更为稳妥的方式进行。

英国一些中小学为青少年开设了有关死亡的课程，进行死亡教育，邀请殡葬行业从业人员和医生护士走进课堂，与学生共同讨论人死时会面临什么情况，并且让学生轮流通过角色替换的方式，模拟一旦遇到亲人因车祸身亡等情形时的应对方式，体验一下突然成为孤儿的感觉。

广州多所高校也开设了死亡教育课，授课的内容包括写遗书、立遗嘱、撰墓志铭等，此外，学生还要到殡仪馆、敬老院、临终关怀病区等场所去实地感知、考察或实践，略窥死亡面貌。

能够在鬼门关前走一遭，其实是人生莫大的际遇。正所谓大难不死，必有后福。只是，我们现在的死亡教育也不过是让学生了解死亡只是自然界中一个普通的现象而已，学生很难真正去体会思考死亡的意义，除非他身边的亲朋好友突然去世，或者他本人亲身目睹死亡的场景。这些同样无法人为创造。

但是，在一些日常教学中，尤其是物理、化学、生物等有一定"危险性"的科目中，教师可以通过一些巧妙的设置让学生学到难忘的知识。

不怕死的"石磙"

我常对我的同事们讲亲身经历过的一个故事。

那年我还在一所乡村中学教书。一位物理老师因病请假，校长便要我临时代课。第一节课讲的是电路知识，我绞尽脑汁想弄点花样把学生的兴趣提高起来。走进教室我便问学生，火线可以用手摸吗，下面异口同声说不能。我说其实火线也是可以摸的，说着就当场用手触摸电源插座里的火线。教室里沸腾了，学生个个睁大了惊奇的眼睛。接着我又说，哪个同学敢上台来体验一下。教室里顷刻鸦雀无声，一分钟过去了，两分钟过去了。只见学生们你望望我，我望望你，谁也不敢上台来。

就在我准备结束活动的时候，有人向我推举物理科代表，说他成绩好，平时实验总是第一个走上讲台。我心里一喜，把期望的目光投向科代表，却见高高大大的他立刻低头缩颈，差点把头伸进了课桌。我失望了，而此时坐在角落里的一个黑黑的、矮个子的男生悄悄举起了手，低声说："老师，我来。"教室里又沸腾了，学生们哄堂大笑，议论纷纷，叫着喊着，说"石磙"想在新老师面前出风头，有的甚至说他想找死。

当时我并没在意学生们为何要对这个叫"石磙"的这般嘲笑，而是急着让他上台来。他果然勇敢地走上了讲台，脸涨得通红，额上冒着汗珠。我冲他微微一笑，说："别怕。"然后就牵着他的手慢慢接近电源。那刻我感觉到他的手、他的全身都在剧烈颤抖。就在他的手完全触到火线的一刹那，他落泪了，额上的汗珠也大颗流下……

事后我急着找到那个叫"石磙"的学生，问他为什么有勇气上台来。他起初不答，我再三追问，他的回答让我目瞪口呆。他说："老师，你不知道的，我的成绩很差，门门课都是低分。老师和同学们都不喜欢我，说我是石磙脑壳，转不过弯来。我就是被电死了，也没什么可惜的呀！……"

我从此真心喜欢上了"石磙"，开始给他补课。一年后他成了物理科代表，五年后他考上武汉大学，如今他是位物理学教授。①

有一篇小学语文课文《她是我的朋友》，讲了一件类似的事。一个小男孩为一个受伤的小女孩献血，他以为医生会把他的血抽光了输给小女孩，因此他会死，但他在犹豫之后还是表示愿意。医生后来问他为什么这么做，小男孩只说了一句话，"因为她是我的朋友"。

这两个案例中的学生在"死亡"面前经受住了考验。你想想看，连死都不怕，世上还有什么可怕的，这是多好的精神财富和教育资源啊！

【要诀】

* 邀请殡葬业人士进课堂或者去殡仪馆参观，对学生进行死亡教育。

---

① 李爱群. 不怕死的"石磙"[J]. 班主任之友：中学版，2008（3）：61.

　　* 分角色模拟亲人过世，让学生体会成为孤儿的感觉。

　　* 尝试让学生写遗嘱。

　　* 带学生到医院或者敬老院的临终关怀病区为临终病人做力所能及的志愿服务工作。

　　* 在学生不知情的情况下为学生设置一些安全的生死抉择测试。

第9计：紧箍咒

承受压力的重荷，喷水池才喷射出银花朵朵。

——民间俗语

"紧箍咒"是指教师通过某种方式对学生施加压力或加以限制、约束，并使其成为学生克服困难和惰性的动力。

《西游记》中的孙猴子头上戴着一顶紧箍，那是如来用来约束孙猴子的工具。每当猴子有非分之举，唐僧就开始念咒，孙猴子再厉害，也不能和尚打伞——无法无天。

一个广为人知的案例是，一名教师在发现一名学生在考试中通过作弊拿到高分之后，不仅没有戳穿，还大加表扬，鼓励大家向他学习。当有学生提出质疑时，教师反而故意批评他们说这是对同学的不信任，为什么他就不能考出好成绩呢？这种做法实际上是给这名学生套上了一顶紧箍，如果他以前的学习不够认真的话，那么，在老师高调的表扬之后，他就没有其他选择了。

如果没有紧箍，孙悟空最后大约是不会修道成佛的，一个小小的紧箍实际上蕴涵了如来对他的期望。从这个角度来说，皮格马利翁效应之所以有效，也正是教师的期望产生作用的结果。学生的改变最终是通过对自己的约束实现的，这个约束来自教师的高期望。

在日常教学中，我通常会在教了学生一段时间之后，在记分单上每一个学生名字后面写上一个预估分，预估分比他的实际水平要略高一些。学生通常都很在乎教师的预估分，并且努力达到。

"紧箍咒"的原理也在其他一些德育工作中被采用，效果亦很显著。

呵护生鸡蛋——感受母爱活动

"呵护生鸡蛋一周"的活动全面展开了。活动要求每个学生随身携带一个生鸡蛋,除了睡觉,须臾不可离身,并想办法保证一周内鸡蛋不丢失、不磕破,一周后谈体会。

活动开始,每个学生手里都捧着"包装"好的鸡蛋来到学校。他们保护鸡蛋的方式多种多样、别出心裁:有放在盒子里的,有裹在手套里的,还有把鸡蛋放在小箱子里的……邓志联同学捧着一个茶叶盒,盒盖打开后,里面有一个小小的杯子,杯子与盒子的缝隙用两个口罩塞紧,杯子里面垫了一层厚厚的纸巾,中间放了一个鸡蛋,鸡蛋上面还有一层纸巾。他说:"我想了很久才想出这个办法,不过还有点不放心,生怕被同学碰着,只好时时把它捧在手里,连上厕所都带着。"

一周过去,活动结束了,赵老师请学生们进行总结,谈感受。

"怀孕了不能做激烈运动!"

"七天下来,我觉得当个鸡妈妈累死了,每时每刻都提心吊胆。不过看到鸡宝宝安然无恙,我也就很开心了。"

"看来,保护好一个小生命真不容易啊!一周过后,这个鸡蛋我都不舍得吃了,要一直把它留着。"邓思玮激动地说。

"保护一个鸡蛋都这样不容易,爸爸妈妈把我们养这么大,要受多少苦啊!"刘俊文感慨地说。

德育重在情感体验。仅仅一周的小体验,孩子们的责任心、对亲情的理解、对生命的珍惜,不都已蕴涵于这一句句朴实的语言之中了吗?①

---

①刘映伦. 呵护生鸡蛋:感受母爱活动 [J]. 班主任,2006 (4): 35.

同样的做法，有些学校却用它来约束孩子的行为，自从每一名孩子的口袋里装了一个生鸡蛋之后，学校课间再也没有学生打闹奔跑的现象了。应该说，如果将其常规化还是值得商榷的。校园里应该充满孩子的欢声笑语，如果走进校园，所有的人都小心谨慎，老气横秋，孩子脸上没有欢乐和阳光，那么，这样的教育一定是压抑人性的。因此，同样的做法，还要看其目标是不是科学、正确。

　　学生交作业困难怎么办？美国优秀教师克拉克创造了一个很有意思的做法，他会在黑板的一角写上"全班累计交齐作业满××天"的字样，××是空着的。在教师第一天的动员和布置下（他可以选择少布置作业或布置一些容易完成的作业），全班交齐一天总是可能的，随着这个数字的累加，它就成了全班同学关注的重点和追求的目标。无须教师督促，那些有可能不完成作业的学生会感受到前所未有的压力和同学的激励。克拉克老师说，全班连续交齐作业最长的纪录超过了十周。

　　前两年某些地方还有一种"分数银行"的做法。学生考试成绩不佳时，可以向老师借分。借了分是要还的，而且要付利息——加倍还。这也是一种念紧箍咒的做法，只不过，在推广过程中又有异化，有教师要求所有没有考到90分的学生都必须借分，这就不是方法本身的弊端了。

【要诀】

　　* 给每一名学生以较高的期望，并坚信他们能够成功。

　　* 适时适度地给学生戴高帽。

　　* 如果学生以不诚信的方式来取得成功，至少说明他们对结果是很看重的，因此不妨装糊涂，肯定其结果，并指导其过程。

　　* 在某些特定的活动中给学生一定的限制，例如负重跑等，当限制解除之后学生必将有不一样的表现。

第10计：亲情剑

世界上有一种最美丽的声音，那便是母亲的呼唤。

——但 丁

"亲情剑"乃是指教师利用亲情的力量让学生对自己的行为进行反省，并产生强大的内驱力。

朱自清的《背影》是写亲情的名篇。父亲为儿子付出一切，虽然父亲觉得是天经地义，但儿子却是既感动又愧疚。教育者如果运用得当，亲情震撼可以成为一种有效的教育策略。

心灵的触摸

握手是人们常用的交流方式。我由于经常接待学生家长，握手已成为一种工作习惯。接触过许许多多的手，但那一次的握手却让我久久不能忘记。

那是一个上午，刚上班，班主任李老师送来一位学生，面带怒气地说："薛主任，这样的学生我们不要了，真是屡教不改。"说完转身离去，把门甩得砰砰响，我想李老师一定是被气坏了，否则不会这样做。随后我调查得知，这位学生名叫张恒，学生起绰号为"张横"，纪律观念淡薄，学习不努力，迟到、旷课、捣乱无所不为，是个让班主任和任课老师头痛的学生。张恒的父亲是一位老实巴交的农民，有三个子女，两个女儿、一个儿子，对小儿子张恒从小娇生惯养，百依百顺，为了供养子女上学，在附近的山上干活。于是我决定把他的父亲请来，做一次"联合演习"。

　　下午两点整，张恒的父亲准时到校，我习惯性地伸出手去迎接他，可是在与他握手的一刹那，我的心一阵紧缩，我所握的是一双什么样的手啊！满是老茧，皲裂成沟，这是一双手握铁锤与钢钎每天与巨石战斗的手啊。握着这双手，我才真正体会到了什么是沧桑，什么是苦难。这时我把张恒叫来，张恒对父亲的到来似乎并不感到惊奇，只是看了父亲一眼。三人落座后，我并没有急于向张恒的父亲诉说张恒的种种"劣迹"，而是用坚定的目光看着张恒："今天我交给你一项特殊的任务，请你用心摸摸你父亲的手。"他先是一愣，看了我一眼，随后又以无所谓的表情慢慢地伸出手去触摸他父亲的手，先是手背——我专注地看着他，他似乎没有什么表情——可是当他的手移到父亲的手心的时候，突然停了下来，脸色骤变。他缓缓地抬起头，凝视着父亲那布满皱纹的脸，眼泪瞬间盈满眼眶，汹涌而出，淌在父亲的手上。此时张恒的父亲惊慌地抽出手来，边给孩子擦泪边一个劲地问："孩子，你怎么了？受委屈了吗？"张恒这时扑在父亲的怀里，紧紧地抱着父亲，全身抽动，似乎忘却了周围人的存在，放声痛哭。我没有阻止他。待张恒慢慢平静下来，我深切地对张恒说："今天我看到了一个真实的你，你的泪水让我了解了你真实的内心世界，也让我看到了希望，我不想用太多的语言来表白，但我相信你一定知道今后该怎么做了。"张恒抬起头，注视着父亲，突然跪了下去，许久才慢慢站起来，然后转向我深深地鞠了一躬，坚定地说："老师，我错了，你看我以后的行动吧。"

　　后来张恒在作文《父亲》一文中这样写道："父亲的这双手曾是我多么熟悉的一双手啊。这双手曾给我洗过尿布；这双手曾把我高高举起，然后放在他的肩膀上；这双手曾牵着我从幼儿园到小学；这双手曾背着书包送我上中学；这双手在我寒冷的时候把我抱在他温暖的怀抱；这双手在我饥饿的时候送给食物；这双手在我哭泣的时候为我把泪水擦干；

这双手……今天又是因为我，这双手布满老茧，皲裂成沟……今后，我一定努力学习，早日成才，把这双抚养我长大的手的创伤抚平，让这双手去接我获得的奖状，让这双手去拿我成功的奖牌，让这双手去端我做的最美味的饭菜，让这双手去选最漂亮的衣服，让这双手……"

这是一次心灵的触摸。它不仅带来了忏悔的泪花，也带来了一场灵魂的洗礼，更带来一个家庭美好的明天。①

《中国教育报》曾经报道过一则类似的案例。一位沉迷网吧经常逃课的学生让学校绝望，学校专门开会，经过讨论，决定请其父母把学生领回去。学校派了两位教师去其家中联系学生父母。他的母亲正在田里背粪过河，在苍茫远山的映照下，这位母亲的背影让两位老师震撼了。她的身体佝偻着，仿佛背着全家的希望。两位老师不忍打破她的希望，于是抓拍了一张照片，回到学校，把母亲背粪的照片给学生看。也许是因为艺术的震慑力，也许是因为良心发现，此后这个学生改变了昼伏夜出昏昏沉沉的生活状态，学习成绩有了长足的提高，生命激情骤然喷发，成了一名痛改前非的好学生。

现在很多学校开展感恩教育，要求孩子记住父母的生日，或者给学生布置回家为父母洗脚的"作业"，取得相当显著的效果。但是在具体操作时，要谨防走向形式主义，滥用亲情教育。

亲情是一杯酒，能让我们沉醉；亲情也是一把剑，能把我们刺痛。

【要诀】

* 发现、探索学生家长辛苦劳作的印记。有些在脸上，有些在

---

① 薛东银. 心灵的触摸 [J]. 班主任之友：中学版，2008（2）：49.

手上，有些在脚上，有些在心里，有些则是一个背影。将这些一一记录下来。

　　＊　在适当的时候以布置作业的方式让学生去发现他们从来没有注意过或没有认真注意过的父母身上的印记，引发其内心的震撼与觉悟。

　　＊　记录或者拍摄学生父母辛苦工作、劳动的片段，给学生阅读或者观看。

第11计：魔术炫

简单的动作练到极致，就是绝招。

——易发久

春节晚会上刘谦因魔术一炮而红，一时间全国各地兴起魔术热，许多少年男女成为刘谦的忠实粉丝。教师运用魔术原理或魔术手法，对学生进行别开生面的教育，或者通过展示魔幻结果使得学生对过程产生兴趣，这种方法叫做"魔术炫"。

魔术的神奇之处在于你明明知道魔术师展现出来的结果是假的、虚幻的，可是，你就是看不出问题出在什么地方。要是能被你看出来，这个魔术也就太失败了。

判断一个魔术师是不是高明就在于他所用的手法是不是足够巧妙，以至于连别的魔术师也看不出来。其中的诀窍，魔术师本人是不会轻易泄露的，因为这是他赖以吃饭的本领。一场精彩的魔术总是让我们难忘，我们的亲眼所见与常识之间形成巨大的反差，我们越是觉得不可思议，便愈是惊叹和佩服。

教师如果学一点魔术，并在学生面前露两手，关键时刻可派大用场。

特异功能

有一段时间，社会上及学校周边出现了不少骗子，有以下残棋骗钱的，有以超市、书市优惠卡为名骗钱的，还有用魔术赌博、用苦肉计骗钱的。学生涉世不深，极易受骗。针对这一情况，我组织了一次"特异功能"展示班会。

在班会课上我告诉学生自己有"隔物透视"的特异功能。学生表示怀疑，提出要验证一下。于是我做了如下试验：拿出三个不透明的一次性纸杯和一个玻璃珠，先让学生检查纸杯是否有异样，然后倒放在桌上。我转过身去，请一个学生把玻璃珠放在其中的一个杯中。只要我转回身，一施法术（用手向空中抓），就可知玻璃珠在哪一个杯中。学生将信将疑，反复试验，就连不放珠也被我看出。学生们发现老师真有"隔物透视"的特异功能，一脸的崇拜。此时，我请出了在学生中的"托儿"，揭露了我的秘密：玻璃珠放在不同的杯中，他就偷偷摸脸上不同的部位；如果杯中没有玻璃珠，他就不动。

当真相揭穿后，学生恍然大悟，又气又恼，把怨气都撒在"托儿"身上。此时我恰到好处地提出问题让学生思考："其实我与这个同学配合完成这个试验，不是想骗大家，仅为了说明一些问题。我们要感谢他的不诚实才对。（学生中发出了热烈的掌声）现在请捕捉你最深切的感受，谈谈你对此事的看法。"有人说这是一堂有趣的班会课，看完之后好笑又好气，让人深思；有人说与人合作是成功的关键，今后要团结合作把班级搞好；有人说魔术都是假的，要警惕生活中的各种骗术，不要轻易上当受骗；有人说要重新认识老师和同学。最后师生共同得出结论：不要轻易上当受骗，要学好知识用科学的眼光去解释身边的奇人奇事。后来，一个毕业很久的学生还给我写信说："老师，我上下班的路上总能看到地摊上围着几个人抢着买'鹿茸'，这时我就会想起你在班会课上做的'隔物透视'特异功能试验，印象实在是太深刻了！"①

---

① 邓明富. 班会课上的试验［J］. 班主任之友：中学版，2007（3）：36.

这位教师在教学生预防诈骗方面可以说做得非常成功。这类教育十分重要，因为现在社会上的诈骗实在太多，甚至有一种人只是群发短信，内容很简单，只是说"把钱打到××账户"就可以了，然后居然就会有很多人上当。

把一个神奇的结果先展示出来，引起学生的兴趣，然后再去探究过程，这是常用的教育手法。

一位介绍记忆力训练课程的教师在上展示课时先背诵了一段 π 小数点后的数位，一口气背到第100位，然后开始倒着背，背的数字和大屏幕上呈现的完全一样，引起了观众热烈的掌声。接着，他让在场的观众随便说30个词，并且标上序号。他只是看了1分钟，随后闭上眼睛，就准确地把这些词按照序号说了出来，而且，无论观众报出哪一个序号，他都能很快把对应的词说出来。这种神奇的表演自然激发起观众强烈的学习愿望，于是训练课程报名火暴。

在一次数学拓展课中，我拿了五张自制的卡片，每张上面都写了一些1至31之间的数字，学生只要告诉我其出生的日期出现在哪几张卡片上，我就能马上说出其出生日期。学生都很好奇，纷纷举手要求测试，结果自然是我大获全胜，百试不爽。在学生的兴致被充分激发起来之后，我告诉他们诀窍，把出现数字的那些卡片的第一个数字记住，并加起来，得到的和就是出生日。然后，我出示本节课的主题——二进制，并告诉他们，这些卡片上的数字是根据二进制的原理写上的，只要掌握了二进制，人人都能制作这样的卡片，并猜出别人的生日。由于我魔术般的表演，学生的学习热情空前高涨，这节课效果极佳。

【要诀】

* 学会一种或两种魔术，必要时给学生表演。

＊ 预先安排好"托儿"，通过假魔术的表演，向学生展示诈骗的过程，防患于未然。

＊ 为激发学生学习的热情，可选择先出示结果。

＊ 通过勤加练习，掌握一两手绝活。

相反预期策略

第 12 计：呆头鸡

装傻是一门学问。

——洛克菲勒

"呆头鸡"，即教师在面对一个具体情境时，运用夸张的表情来表达自己的内心感受，其中，以"呆若木鸡"最易操作，且效果最好。

表情是丰富的语言

那天中午，我吃过午饭，刚想在办公室的桌子上趴一会儿，小明气喘吁吁地跑来找我。

"老……老师，快……快快，打……打起来了！在教室里……"他跑得满脸通红。

我二话没说，赶紧朝教室方向跑。当我匆匆赶到事发地点时，那两位已经你抓我衣领，我抓你前胸，纠缠到了一起。

"老师来了——"不知谁喊了一声。中午学生们大多回家了，只有稀稀拉拉的几个"看客"。

不知是没听见，还是不相信老师会来，他们没有丝毫罢手的迹象。我走到他们足够看清我的地方，呆站着，一言不发，两只眼睛发出两道"寒光"，直射向他们……

那两个家伙立即看清楚了我，脸上露出一丝惊慌的表情，可谁也没有先松手。

我继续盯着他们，同时，努力让木无表情的脸上流露出痛心、伤心的表情：唉！你们这两个调皮的家伙啊！老师前两天才找你们谈心呢，怎么又要打架呢？你们让老师操了多少心啊！

一秒、两秒、三秒……终于，他们垂下了双手，垂头丧气地走回到自己的座位上。

我仍然站着没动，只是把目光射向那几个围观的学生，也许学生意识到了什么，有的溜出了教室，有的赶紧回到自己的位置上，低下了头。

又站了一会儿，我一声"长叹"，摇了摇头，转身"步履沉重"地向外走去……

果然不出所料，回到办公室一会儿，那两个家伙就分别出现在办公室门口——向我解释认错来了……

采用"呆若木鸡式"，以静制动，一方面通过"冷处理"赢取了时间，软化了矛盾；另一方面，以无形的力量威慑对方，以"痛心"的表情感染对方，从而达到了化解矛盾的目的，为后面的说服教育打下了良好的基础。①

此时无声胜有声，在教师呆若木鸡的那一两分钟内，学生的心理活动是丰富的。这是一种留白的艺术，短短一瞬间，学生可能百种想法已经萦绕在心头，教师只需静观其变，学生自然会认识到自己的错误。

例如，不允许学生把零食带到教室内，可是有一天，教师在垃圾袋里发现了一个空的膨化食品袋。此时，众目睽睽之下，教师可以选择面色一沉，厉声呵斥，也可以面无表情，像一只呆头鸡一样拿着那只空袋，仔细观察研究。脸上愈是没有表情，给学生留下的印象就越深刻。

---

① 徐立起. 表情是丰富的语言［J］. 班主任之友：中学版，2008（3）：45.

呆头鸡能够产生震撼效果的原因是，教师在学生面前通常都是表情丰富，唾沫乱飞，如果突然有一瞬间面无表情，惜言如金，学生必定记得很牢。

有一次，我参观一所美国学校的万圣节集会。这所学校有一个传统，就是在万圣节那天，学生们可以发挥自己的创造力，打扮成各种造型来学校。学校还会根据其效果进行评比。那一次，我看到有几个学生装扮成日本相扑运动员，穿着看起来像皮肤一样的肥大衣服，憨态可掬；有几名女生装扮成动画片里的小精灵，背上插着翅膀，头上戴着一顶帽子，帽子上还有一个垂直的螺旋桨；几名黑人男生穿着 NBA 球星的衣服，手里拍着篮球，从远处乍一看，颇有一点篮球明星的外形；一名男生摇摇摆摆地从我身边走过，我吓了一跳，因为他太像一具僵尸了，一只眼睛是"瞎"的，胳膊上有很深的"伤口"，身上到处都是"血"；一群女生套在各种不同组合的方格里，我一开始没有想出来这是什么，直到她们站成一排，我才发现，她们演绎的居然是俄罗斯方块；最令人叫绝的是三名男生站在校门口的台阶上一动不动，一身衣服以及露出来的皮肤都是统一的青灰色，我一开始还真以为他们是雕塑，直到其中一人突然动了一下，吓了我一大跳……

如果让我投票，我一定选择那三名扮作雕塑的男生，第一是因为逼真，第二是太与众不同了，我直到现在都记忆犹新。

如果雕塑本身就存在，那毫不稀奇；如果雕塑是活人装扮的，且能以假乱真，那就让人惊叹了。同样地，如果真的雕塑突然间能够自己动，像机器人一样，那同样能够吸引大众的眼球。

【要诀】

* 教师可以在家中对着镜子训练自己的表情。面无表情也需要训练。最需要训练的其实是眼睛，有的时候即使一句话不说，眼睛的细微变化也可以传递信息。

* 总体而言，教师需要丰富一些的面部表情。当教师在给学生讲特别重要的内容时，不妨使用与平时不太一样的语气和表情，这样比单纯地强调其重要性效果要好得多。

* 如果教师本来就是一个表情不丰富、沉默寡言的人，呆若木鸡的效果就会打折扣。此时，眼嘴歪斜，表情夸张，做昏倒状反而会收到奇效。

第 13 计：特长秀

一个无任何特色的教师，他教育的学生不会有任何特色。

——苏霍姆林斯基

"特长秀"指教师在学生面前展示特长，从而获得学生的仰慕和崇拜。

学生喜欢什么样的老师？这个问题的答案有很多。但是如果一位老师有特长，他一定会受到学生的欢迎。

"彪哥"的由来

"彪哥"这两个字，应该与膀大腰圆、勇猛剽悍联系在一起，殊不知，被称为"彪哥"的这个人却清瘦如竹，一副书生模样。

教学生涯犹如树的年轮，又多了一圈，我又带上了新的初一。跟以往一样，我努力以各种方式了解、熟悉学生，也努力掩藏自己的真实性情，心里琢磨着别让这帮淘气鬼早早就摸透了自己的脾性，多半时间板着脸，以树立自己的"威严"。

时间过得很快，阳光灿烂的课外活动时间，和煦的秋风时有时无，三五片树叶悄然落在办公室的窗台上，我的视线随之移向窗外。操场上，孩子们的欢声笑语又摇落了几片树叶。多美的天气！我决定出去走走。

到外面，吸引我眼球的不再是宜人的秋景，而是本班的六七个男生，他们稚嫩笨拙的篮球动作和沸腾燃烧的激情让我不由得止步"观战"。

他们也发现了我的悄然来临，几个"心怀叵测"的淘气鬼在场上嚷了起来。

"李老师，跟我们一块来打球。"

此话刚落，又起一句。

"语文老师会打篮球吗？"有人为我"担忧"。

更可恼的是，又蹦出一句。

"看老师弱不禁风的样子，被我们碰伤撞倒了怎么办？"

看来今天得露一手了。

我慢步走入场中，双手将球拿住，放在背后，数一数人数，加我是7人，我便说："给我两个球技最好的同学，3对4，5个球，输家请大家喝饮料。"他们自然是欢欣鼓舞，互相挤眉弄眼，很狡黠地把两个最弱的拨给了我，我故作不知。

"战斗"就这样打响了。四个淘气鬼为能喝上我的饮料，可使出了浑身的招数，终究是功底浅薄，奏效的不多。而我决心镇住他们，上手就不客气，运球过人，底线突破，反手上篮，球进！尽管他们合力夹击，我还是成功地进了第一个球。此时，他们话又多了起来。

"哎呀，原来老师会打球！"

"真厉害，反手上篮的动作太漂亮了！"

"老师，你啥时候学会打球的？"

"老师，每天课外活动都跟我们一起打球吧？"

……

我微笑作答："再不努力，可就要请我喝饮料了。"

接下来，几个漂亮的中投完全征服了他们，战斗很快就结束了。

轮到我摆架子了。"今天我不想喝饮料，先记下，到想喝时再买回来。"丢下这句话，我转身就走。几个人跟在身后，不停地问了一大堆关于篮球的问题，我决心吊他们胃口，置之不理，径直回到了办公室。

放学时间到了，我来到教室，全班学生都跟未见过我似的盯着我看。

我心里明白，他们在重新认识我，认识我这个会打篮球的语文老师。

波澜不惊的一天过去了，我不知道"彪哥"这个称呼就在这个时候诞生了。

接下来的日子更平静，在平静中我明显感到了很多变化：淘气鬼们变得听话了，几个篮球迷球练得更紧了，为"哄"我陪他们打球，不是班委的学生也争相为班级做事……我自然是乐此不疲，教他们打球，陪他们练球。无意之中，总能从他们的只言片语中听到"彪哥"怎么样怎么样的话语，满是发自内心的称赞和欣赏。直到从一位家长那儿我才知道，所谓的"彪哥"就是我自己。

不曾想到，一声称呼，竟然洋溢着孩子们纯真的感情。

也不曾想到，一声称呼，居然释放出班主任育人的力量。

更不曾想到，在自己的班主任生涯中，一声称呼，赫然是令自己最为欣慰的骄傲。①

学生眼中的教师通常都是课堂上的模样，也就是一个学科知识的教授者。很多教师也觉得自己的任务就是学科教学，自己的身份就是学科教师。殊不知，学生眼中的校园生活远远不止课堂，学生校园生活的乐趣和精彩更在课堂之外。而他们对教师的需求并不仅仅是一位好的会上课的教师，更希望教师能够以一种生动的、立体的形象展现在他们面前。这也是一位有特长的教师为什么更受学生欢迎的主要原因。

更重要的是，如果教师的特长具备比较高的水准，并与自己的专业形成强烈的反差，会让学生觉得新奇而有趣，并在瞬间产生崇拜心理。试想一下，一位语文老师篮球打那么好，一位数学老师歌唱得近乎专业，一位物理老师会吹好听的萨克斯，一位英语老师有曼妙的舞姿……如果

①李鹏程."彪哥"的由来［J］.班主任之友：中学版，2008（7）：49.

我是学生，我也要为这些老师鼓掌叫好。

学生对老师有一种天然的敬畏心，这种敬畏心主要来自对学科的学习。在自己的专业上，教师具备天然的权威。而在另一个陌生的领域，学生与教师处于对等的地位，教师如果表现出超人一筹的能力，很容易把学生镇住。这种震撼的结果就是学生会无比信服教师，从而使得教师接下来的教育工作变得无比顺利。

一位男大学生毕业之后进了一所职业学校当教师，并主动请缨当上了班主任，却发现学生极难管教。尽管他身高一米八多，但是和一些男生相比，还是矮了半头。有些学生自由懒散，且经常打架斗殴，面对教师的批评教育，不是敷衍就是顶撞，这位年轻的班主任陷入了困境。

过了一段时间，他发现班级的男生经常聚在一起掰手腕，比谁的力气大。他突然下了决心，仿佛一下子找到了突破口。接下来的一段时间里，他尽量多吃肉，而且上强度锻炼身体，一个月后，胳膊上便长起了鼓鼓的肌肉。

于是，他在学生又一次和邻班学生打架之后，选择了一节班会课，让班级里手腕力量最强的学生上台来和他比赛。在全班学生的注目下，他轻松获胜。此举一下子征服了全班学生的心，他成了学生心目中的老大。此时，他再跟学生讲道理，学生都能听到心里去了。班级的面貌在短时间内便发生了很大的改变。

【要诀】

　　* 认真审视自己的兴趣爱好，培养最擅长的一项，使其达到较高水平。

　　* 选择适当的时机，在学生面前展示自己的特长。

　　* 如果爱好文学，可以努力发表作品，然后将印有自己文章的

报刊放在学生可以看见的地方，让他们能在"无意"中发现。

    ＊ 如果体育运动有特长，则向校长或工会建议举办教工体育竞赛。

    ＊ 如果文艺有特长，可选择在班级联欢中压轴登场。

    ＊ 如果没有特长，务必勤加练习，努力培养一项特长。

第14计：慈悲怀

生活中有许多这样的场合：你打算用愤恨去实现的目标，完全可能由宽恕去实现。

——西德尼·史密斯

慈悲为怀是佛家术语，讲出家人的修行境界。在特定的情况下，教育者的宽容能够产生强大的教育力量。

有一则禅宗公案。一个贪玩的小和尚有一段时间常常夜里翻墙下山去玩，然后凌晨再翻墙回来。有一天晚上，老和尚半夜起床，在院子的墙根发现有一个小板凳，再一看小和尚的床是空的，就明白了。老和尚把小板凳拿走，换成自己蹲在那里。凌晨小和尚翻墙回来，直接踩在了老和尚的背上，情知不妙，老和尚也不吭声，小和尚直接跑回房中，翻身上床。到了第二天，老和尚像是什么事也没发生过，而小和尚从此专心念经，再也不下山了。

能达到这样的教育境界，必是多年修行的结果。

三 杯 茶

路过教室，看到卓在睡觉，我走到他面前，轻轻地拍了拍他。这是个聪明的孩子，但很多不好的小习惯积累成大习惯，就成了现在这个样子。

我拿了个杯子，放了点茶叶，转身对他说："这茶叶不错，是铁观音。"然后泡了一杯热茶，端到他面前："我知道，这段时间你还是比较累，可能也是开学不适应，所以上课还是想睡。这样吧，老师给你泡一杯茶，喝了提提神，可不要睡觉了。"

他的脸"刷"地红了，然后推辞着："老师不用，老师不用。"我笑着把茶递给了他。

第二节是我的课，我的激情澎湃总算让他打起精神，没有睡觉。但是下课的时候，他还是趴在桌子上，看起来有点累，更有点像习惯。我踱到他的面前，拍了拍他的肩膀，他睁开自己睡意惺忪的双眼看着我。"我给你换点热的吧。"我把残茶端起来走出教室，把凉茶倒了，添上一点热水，回到教室，把茶递给他："别睡了啊，提提神。"然后微笑着离开了。

给别的班上完第三节课后，我回到了教室。这是自习课，卓坐在第一排，还是趴在位置上睡得很香，下课铃声似乎也没有影响他的美梦。那杯被我换过第二次的茶，看样子已经凉了，恍若我的心情。

我伸手端过泡了两回的茶，他也被身边的同学摇醒了。我微笑地看着他说："看来，我要为你泡第三次茶了，待遇很高噢，老师可是从来都没有这样做过的啊，哈哈。"然后我转身就往办公室走，他紧紧地跟了出来。

"老师，不要了，真的不要了，这样很不好意思，我自己来吧。真的不好意思啊。"他似乎有点语无伦次了，我知道那是他真的不好意思了。但是我还是拿着茶杯，为他泡上第三次茶水。他双手接过，眼里却有着和前两次不同的眼神，严肃了许多。①

学生上课睡觉，教师可以作严厉的批评，但这位教师却选择了善意的提醒。提醒的方式也出人意料——给学生泡茶。我想，如果这名学生

---

① 方海东. 三杯茶 [J]. 班主任之友：中学版，2006（12）：53.

选择继续睡觉的话，教师大概会第四杯茶、第五杯茶地泡下去的。可能有人会问：如果没有尽头怎么办？我想，只要教师怀揣一颗真诚的心，一定会有尽头的。

慈悲的震撼力量来自哪里？来自教师的宽容镇定，来自教师的引而不发。老和尚把自己当做板凳，教师给学生泡茶，明摆着是采取行动了，也表明了对错误行为的不认可。事实上，他们完全可以采取强硬的惩罚措施。但是，他们选择了一种"顿挫"的方法，也就是不马上实施处罚，而把皮球踢给对方，看他会怎么办。

对方能怎么办呢？如果不是顽抗到底，那就只能认错改错了。

要注意的是，慈悲不是软弱，不是放弃。如果一名教师太软弱，在学生中没有威信，慈悲会被看做一种不作为的表现，是一种无能，不会对学生产生教育作用。慈悲是强者的内敛，而不是弱者的无奈。

【要诀】

* 要努力树立自己在学生中的威信。

* 要强化班级的规章制度，培养学生为自己的错误负责的态度。

* 当学生犯错，众人皆以为不可原谅时，教师反而要冷静，采取"顿挫"手法，即停顿一下，留给学生反思的时间。此时教师并非冷眼旁观，而是需要做一些与学生的错误相关的事情（如"蹲下当板凳""泡茶""请吃饭"），以表明自己对学生错误的知晓以及不赞同的态度。

* 根据犯错学生的认错及改正情况选择进一步的处理方式。

第 15 计：乾坤转

> 山高月小，水落石出。
>
> ——苏轼《后赤壁赋》

当一个人在很短的时间内从一种情境转换到相反的情境时，由强烈对比产生的感受一定让人记忆深刻。这种教育方法称为"乾坤转"。

在《班主任兵法》中，我曾经讲过一个批评部分不订正作业的学生的例子。我先让报到名字的学生站起来，实际上他们都是交了订正作业本的学生。通常在学生的印象中，站起来的都是犯错误的人。等到名字念完，我让站着的学生坐下去，而坐着的学生站起来。这时我才开始进行批评。由于有了前面的铺垫，之后的批评效果就很强烈了。

乾坤转的手法由于在短时间内产生强烈对比，震撼作用较为强烈，一般不推荐使用。除非学生的问题很严重，并且学生对自己的错误非常心虚时方可考虑实施，并且处罚不宜过重。

醉翁之意不在山

接初一新生，不到一个月，有学生就开始拖交或不交作业。找来几位学生了解情况，都说上初中很累，时间也特别紧张。

周五下午放学前，我宣布周六去爬凤凰山，不愿去的请举手。果真有人举手。仔细一看，大多是平时叫苦叫累、拖交作业的。

我告诉大家这是一次特殊的爬山活动，老师只带那些举手的同学去。一听此言，大家都糊涂了，不知我葫芦里卖的什么药。

周六早晨，我们早早就出发了，才到半山腰学生就开始喊累。休息的时候我打趣地问大家，爬山没有躺在床上舒服吧，学生都说当然啦。我说到了山顶奇迹就会发生。

我们一口气爬上了山顶，学生们嚷道："老师，奇迹在哪里?"这时我卸下了背上沉重的包裹，请学生们喝饮料解渴，并告诉大家："奇迹不在这里，奇迹在山下，在城里。"

从山顶放眼望去，整个城市尽收眼底，高楼大厦鳞次栉比，绵延数十里，十分壮观。

学生们感叹地说："老师，平时我们看了很多遍，为什么没有今天的感受深?"

我笑着说："老师今天是特意带你们来看奇迹的，奇迹在哪里? 奇迹在我们登山的汗水里，奇迹在辛勤的劳动里。没有人们的辛勤创造，哪有现代化的城市傲立于此? 对于你们来讲，没有刻苦的学习，哪有出色的成绩?"

没等我把话说完，就有学生做出恍然大悟的表情。有个调皮的学生还冒出一句："老师你是醉翁之意不在山啊!"逗得我们开心地哈哈大笑。

我把事先准备好的小笔记本发给他们，请他们把当天的感受写在日记里。从此后，那些叫累叫苦的学生慢慢改变了他们懒散拖沓的习惯，开始主动请教问题，成绩也都有了不同程度的提高。①

教师要组织爬山活动，其目的是培养学生的意志品质，让他们体会无限风光在顶峰的妙处。这类活动针对性极强，尤其适合那些平时不愿吃苦的学生。这位李老师采用的手法即为乾坤转，应该说，她把惩罚和教育极好地结合到了一起。

---

① 李桂英. 醉翁之意不在山 [J]. 班主任之友：中学版，2007 (7)：44.

要注意的是，乾坤转不可生搬硬套，应当做到在真相大白之后，让大家觉得虽在意料之外，却在情理之中。为转而转，只会弄巧成拙，贻笑大方。

另一种做法也可称为"乾坤转"。我们知道，通常情况之下，总是家长和学生送教师礼物。有一位班主任，却在三八妇女节那天给班级所有学生的母亲送了一束花。收到花的家长十分感动，纷纷表示一定会配合班主任，更好地对孩子进行教育。这种反其道而行之的做法让人赞叹。

南京市著名班主任陈宇在他的博客中讲了这样一件事。他曾经告诉老师们他和家长的一个对话，并请大家猜其中两句话是谁说的。第一句是："你要对我家丫头负责，否则我饶不了你！"第二句是："自古华山一条路啊！"大家都认为第一句是家长的话，第二句是老师的话，没想到恰恰相反！这正是乾坤转的方法，无须多言，一位把学生当成自己孩子的教师形象已经跃然纸上。

老子说："信言不美，美言不信。善者不辩，辩者不善。知者不博，博者不知。"那些看起来毫不起眼的人和事可能恰恰是最关键的因素，只有经过艰苦生活的历练，我们才可做出正确的选择。

【要诀】

　＊通过一些问题或选项，将学生分类。反其道而行之，将事先安排好的任务分配给那些原本没有意愿的学生。

　＊不要忘记向学生解释这样做的原因。

　＊尝试把自己的角色和学生的父母角色互换，这样会产生奇妙的效果。

　＊从学生的优点中看出缺点，从学生的缺点中看出优点。

第16计：守弱诀

大勇若怯，大智如愚。

——苏轼《贺欧阳少师致仕启》

因为主观或者客观的原因对学生示弱，以激发学生的同情心，提高学生的自主管理能力或者培养学生的责任感等，这种教育方法称之为"守弱诀"。

一位父亲为自己屡教不改的儿子伤透了脑筋，有一次，终于忍不住打了他一耳光，眼泪也止不住地流了出来。说来奇怪，从此之后儿子竟然改邪归正。儿子长大之后有一次和母亲聊起这件事，儿子问母亲知不知道他为什么会改正。母亲说，是不是因为你爸爸打了你？儿子摇摇头说，因为他流泪了！

教师与家长通常都以较为严肃、强悍的形象在孩子面前出现，如果偶尔真情流露，在孩子面前展现率真和弱小的一面，往往会起到意想不到的效果。

一次监考

这是我大学毕业后第一年的事了。

我走进教室，把捆成木棒状的考卷重重地敲在讲台上，学生们才安静下来。虽然我没有教这个班级，但我早有耳闻，这个班的纪律很差，是全校有名的"垃圾班"，什么样的学生都有。

我强调了考试纪律，然后把考卷发下去。

发完考卷我就感到头重得厉害，人也整个地昏昏欲睡。那天我感冒了，中午吃了感冒药，可能是水喝得太多的缘故，药力到现在才起作用。临时去叫人代监考一时找不着人，再说要通过教务处麻烦，我想反正是"垃圾班"，教室里有供老师休息的靠背椅，拿着放在门内坐下睡阵子就好了。

我如实对学生们说："今天我感冒了，中午吃了感冒药，现在很想睡……我相信你们会独自作答的。"说着我就拿了靠背椅放在教室的门内，坐下把衣领竖起来，团紧双臂眯上眼睛……渐渐地就沉入睡眠中。我本来以为只要眯一会儿就会好的，不曾想一睡就睡到了考试结束的铃声响起。我当时根本没想到，药力的作用会让刚刚参加工作的我如此无所顾忌，居然在教室里睡了整整一个半钟头，而且还是在期末监考的时候。

我拿着考卷走进教务室，教务处主任就问我："曾老师，你用了什么办法，让那些调皮捣蛋的学生坐了整整两节课？"我被问得有点糊涂，反问他："学生考试坐两节课有什么奇怪的？"教务处主任说："哎呀，你不知道，有一次我亲自去监考，结果才考了半个小时，学生就走得一个不剩。"①

很多老师都有这样的感受，当他们带病坚持上课时，学生往往会表现得特别体贴和善解人意。教师也往往因此而感动。可惜的是，教师一旦痊愈之后，又恢复强势的一面。

一小部分教师意识到了守弱处柔的诀窍，并且将之自然无痕地运用到教育工作中。一位女班主任在被学生严重顶撞之后，不经意地在学生面前哭起来，结果一下子从不利境地中解脱了出来。学生反而自觉收敛

---

① 曾世超. 一次监考 [J]. 文艺生活：精选小小说，2005（11）.

了很多。

一位年轻班主任在接手一个乱班之后的第一节课上，向全班同学深深鞠一躬，学生深受感动，因为从来没有一个老师如此尊重他们。那节课全班同学都听得很认真。

《道德经》中说，"反者，道之动；弱者，道之用。天下万物生于有，有生于无。"又说"强大处下，柔弱处上"。看来，教师真是要好好地读一读《道德经》，学习水的智慧。这样的教育不但更有效，也更长久。

【要诀】

    ＊如若自己在学生面前一直呈现的是强势的一面，可以在适当的时候向学生流露真情，展现自己的温情与软弱。

    ＊树立一种信任学生、依靠学生的信念，把自己放在一个弱者的地位上，激发学生的主动意识和责任心。

    ＊守弱的诀窍在于教师不是真弱，而是守弱。如果是真弱，那么，也要偶尔显示自己强悍的一面，以达到一种平衡。

第 17 计：同桌会

和你一同笑过的人，你可能把他忘掉；但是一同和你哭过的人，你却永远不忘。

——纪伯伦

放下教师的角色定位，和学生做同桌，或者以同学的身份和学生相处，称为"同桌会"。

老狼有一首歌，叫做"同桌的你"，勾起了多少人美好的回忆。同学一场，已殊为不易，能够修成同桌，那得是多大的缘分啊！

教师偶尔改变身份，尝试做一做学生的同窗甚至同桌，会给学生带来全新的感受。

搬掉一张桌子迎来一个世界

以与我同桌为荣

又到了午间阅读时间，我习惯性地准备在教室里坐下来看点书，这才发现教室里的办公桌坏了，昨天刚被拖去修理。唉，就趴在讲台上看吧！

"老师，坐我这里看书吧！"忽听到角落里传来轻轻的声音。我抬头一看原来是班里最活跃的申一航，全班就数他最不遵守纪律，他的同桌刚转到别的学校去上学，我还没来得及将这张空桌撤掉。"老师，我这儿有空位置，您趴在那儿看书挺累的……坐我这儿吧！"他满脸通红。我感激地冲他一笑："行，我就坐在你旁边，今后咱们就是同桌！你可要多关照。"申一航受宠若惊，在全班同学美慕的眼神中，忙不迭地收拾桌上乱七八糟的文具，拿出抹布使劲地帮我掸去桌椅上的灰尘。多有心的孩子啊！

我静静地坐在申一航的旁边看书，但我很快感觉到了教室里不同寻常的气氛，甚至有一点小小的骚动。首先是我的同桌申一航，他像吃了兴奋剂似的，一会儿翻翻书，一会儿挪挪椅子，还不时用眼角的余光偷偷看我，暗地里撇嘴。我对着他的耳朵小声说："申一航，你再不定心看书，我不和你坐了！""别，别……老师，我马上好好看书！"其实不安分的是后面的几个学生，不时嘀嘀咕咕的，和申一航一呼一应地做着鬼脸。我能明显地感觉到其他孩子射过来的羡慕的眼光。下课铃刚敲响，学生"呼"地一下马上围了上来。"老师，什么时候和我坐在一起？""下次吧！"

"不行，周老师一直和我坐，"申一航霸道而又得意地叫起来，"谁让你们旁边没有空位置！……"

以后，在教室里办公时，我总是坐在申一航的旁边。第一次和学生挨得这样近，感觉和以往真的不同！我可以很清晰地听到学生写字的声音、讨论的声音，甚至强有力的心跳。这种感觉真好！不久我就发现，自从我坐在学生的位子上，教室里正悄然发生着变化。

"三八线"消失了

这变化首先是从我的同桌开始的。平时乱放东西，邋里邋遢的申一航的课桌上开始变干净了，而我的位置每次几乎是一尘不染。渐渐地，他也坐得住板凳了，爱看书，爱做读书笔记了，还时常凑过来问我最近读哪些书……好动的他原来也是很爱学习的，而在这以前我对他只是恨铁不成钢。

申一航的变化渐渐波及了全班。让我明显感受到这种变化的是原先桌上赫然画着的"三八线"慢慢消失了。那是有一次，我正在飞快地写着文章，一不小心撞到申一航的手，正在练字的他立刻在桌上画了一条长长的斜线。"对不起",我赶紧道歉,不知不觉中我越过了他和原同桌订的那条"三八线",孩子只占了一小半位置,"我超过了'三八线',让你捶一下手臂吧!""不,老师,这线……"申一航不好意思地低下头,很快他使劲地对着那条"三八线"擦了起来。后面的同学相视一笑,也跟着擦起来……

班里的变化越来越大,而这一切竟源于我和申一航成了同桌。我和他共用一瓶墨汁练字,全班也变成了两人用一瓶墨汁。我和他头挨着头看一本书,班里也处处晃动着两个小脑袋凑在一起共读一本书……这情景常让我感动不已。①

实习教师往往更受学生的欢迎,原因是这些实习生还没有把自己真正看做是教师,他们在跟学生交往时更多地还是以学生的身份,因此很容易和学生打成一片。

一些成功的教师深谙此道,他们课后花很多时间跟学生在一起:和学生一起做游戏,带学生到家里去聚餐,和学生一起去远足,和学生一起外出旅游……这些经历往往会成为学生美好的回忆。

一位班主任的做法更绝,他不知从哪里学会了理发的手艺,利用双休日给住宿的男生理发,师生之间成了理发师与顾客的关系。在教师为学生理发时,双方的关系就比较微妙,教师顺便打听一些班级的事情,学生都能坦然相告;教师对学生提一些建议,学生也能欣然接受。理发营造了一种轻松愉悦的氛围,肢体的接触也拉近了师生间的心理距离。

罗曼·罗兰说,谁要在世界上遇到过一次友爱的心,体会过肝胆相照的境界,就是尝到了天上人间的欢乐。教师有了和学生做同桌的心,离这种感觉就不远了。

---

①周红勤. 搬掉一张桌子迎来一个世界 [N]. 中国教师报,2003-02-12.

【要诀】

　　* 课后要经常和学生在一起，成为他们的伙伴。

　　* 如果学生住宿，要经常去学生的宿舍和他们聊天。

　　* 有可能的话，和每一名学生做一天同桌。

　　* 学会一门手艺，如理发、化妆等，用它拉近和学生的心理距离。

　　* 邀请学生去自己家里做客，大家一起包饺子或共同做饭吃。

　　* 带着学生去郊游。

第 18 计：当头棒

严厉的话像烧红的铁，深深地打下烙印。

——罗曼·罗兰

　　古代有一个叫黄檗的禅师，在接纳新弟子时，有一套规矩，即不问情由地给对方当头一棒，或者大喝一声，而后提出问题，要对方不假思索地回答。而且每提出一个问题时，都要当头棒喝。此法后来被很多禅师所效仿。禅宗认为佛法不可思议，开口即错，用心即乖，所以，不少禅师在接待初学者时，常一言不发地当头一棒，或大喝一声，或"棒喝交驰"提出问题让其回答，借以考验其悟境，打破初学者的执迷。棒喝因之成为佛门特有的施教方式。据说，有许多学道之人就是在这种棒喝之下醍醐灌顶，豁然开朗，从而悟道成佛的。

　　我在教育中也常常会根据情境采用这样的方法，称为"当头棒"。

　　我有一位同事，为人低调、谦和，平时很少穿光鲜的衣服，但是每天的皮鞋都擦得明晃晃，跟镜子一样。我们夸奖他，他给我们道出原委。在他工作不久时，有一次参加升旗仪式，正好校长站在他旁边，校长盯着他的皮鞋看了一会儿，问了一句："你的皮鞋有一个月没擦了吧？"这句话像是当头一棒，让他羞愧得恨不得找个地缝钻进去。从此之后，无论时间有多紧，上班之前他都不忘把皮鞋仔细擦一遍，这个习惯保持了二十多年。

　　尽管我们觉得校长的批评方式太过直接，他仍然很感谢校长当年的提醒。他说，如果老校长用一种含蓄的方式指出来，也许他就不会记得这么牢并坚持这么久了。老校长的风格就是这样的，遇到什么事情都会当面指出来，尽管老师面子上不好过，但是良药苦口利于病，忠言逆耳利于行。而在生活上，老校长对每一位老师都很关爱，谁家里遇到什么情况，老校长总是第一时间伸出援助之手。

我不想当"主任"

开学的第一天，晚上查寝，就倒了霉，一脚踏进学生寝室门，啪的一声溅了一裤脚水。打开手电，天哪！小水洼，星星点点，好多个嵌在水中的手电光斑同时射向我冒火的眼睛。这时，早有几个小女生忍俊不禁，"扑哧"笑起来。

我勃然大怒："明日罚你们听个讲座！"

第二天，适逢班会，于是在黑板上挂起横幅："风湿关节炎知识讲座。"

我先亮出七八张关节炎病人惨状图片，朗读图片释文，这令学生们咂舌不已。

接着又阐释关节炎有关知识，重点解说潮湿是引发关节炎的诱因之一，学生们讶然、悚然。

末了，一字一顿地宣读："如果你们想得上这不死的癌症，请尽情洒水在地面上得了。"撇下目瞪口呆的学生，踱出教室。

这一招不赖，不信，请到我班学生寝室看看，干干燥燥。①

这位教师如此"穷凶极恶"，也算是用当头棒给学生的心灵猛击了一下。尽管方式过于夸张，样子过于难看，效果还算不错。面对学生的错误行为，教师毫不掩饰自己的愤怒，但即便是当头一棒，方式的选择也

①钟明晾，郑郁. 我不想当"主任"［J］. 新课程：小学版，2007（2）：8.

十分重要。在这个案例中，教师选择了站在学生的角度分析问题，而不是单纯地发泄自己的不满，这是他的高明之处。

中国人为人比较内敛，做事比较含蓄，不是经常采用直截了当的做事方式，当头棒更是很少使用。不是此法不好，而是我们缺乏能够驾驭此方法的良师。在人的一生中，如果有几次被当头棒喝并且猛醒的经历，真是人生的一大财富呢！

【要诀】

＊当学生的一些错误行为刚开始萌芽时，采用当头棒的方式能有效地制止这种行为的发展和蔓延。

＊当学生严重自我膨胀或者处于迷惑之中时，当头棒喝常常能够让他们警醒。

＊当头棒的效果不在于教师这一棒打得有多重，而在于这一棒是否打到了学生的痛处。

＊学生对教师有反感或抵触情绪时，要慎用"当头棒"。

第19计：激将法

人在身处逆境时，适应环境的能力实在惊人。人可以忍受不幸，也可以战胜不幸，因为人有着惊人的潜力，只要立志发挥它，就一定能渡过难关。

——卡耐基

激将法是广为人知的方法，人们常用它来激发人的斗志。

在《三国》中，诸葛亮就很喜欢使用激将法来激发将军的求战欲。张飞、关羽、黄忠、魏延等人都曾在诸葛亮的激将法下使出浑身解数，立下赫赫战功。诸葛亮激将法的套路通常是这样的：在布置一个战斗任务的时候，故意忽略某人，当他积极请战时，表现出对他的不信任甚至是不屑，直到将其逼急了，才犹豫着给其一个机会。而事实上呢，诸葛亮早就认定了他是最佳人选，只是怕他松懈怠惰，因此一定要逼着他"小宇宙"爆发或者怒火中烧后才表态。

教师如果能恰当运用激将法来激励学生、管理班级，学生的表现将会超出想象。

利用逆反心理规范学生行为

所谓逆反心理，是指人们在交往中，有时因自身原有的思维模式和观念与他人的要求相对立，便产生与其对立抵触的情绪而采取相反的态度和言行的一种心理状态。

只要教者教育方式适当，因势利导，逆反心理是可以利用的。

一、适当反面刺激

反面刺激，就是恰当地用学生不爱听的反面的话去刺激他们，适度激活他们的逆反心理，引导学生从正面发展。例如，我接任了一个村小完小合并的班级，由于西部农村经济条件不好，孩子们穿着不整洁，卫生习惯较差。在一次全校体操表演赛上，有几位老师认为我们班最邋遢，料想学习成绩也会是同年级最差的。比赛结束了，我装着很生气的样子站在讲台上，说："同学们，你们猜猜，老师为什么生气？"学生们都猜："老师是因为我们班体操比赛输了。"我说："错，大错特错！是有人小看我们班了。他们说我们班最邋遢，料想学习成绩也会是同年级最差的。真把我气坏了，不知道你们听了气还是不气？""谁说的，我们找他辩论！"学生们个个脸都涨红了。我说："同学们，事实胜于雄辩。我们行动起来吧，我们要穿戴整洁，讲究卫生，遵守纪律，努力学习，用我们的成绩去回击那些小看我们的人！怎么样？""行！"学生们坚定地回答。从那以后，全班学生的精神面貌变了，穿戴整洁，讲究卫生，遵守纪律等良好行为习惯逐渐形成，学习也比以前认真多了。期末参加万州区教科所的检测，我班成绩不但不是全年级最差的，而且是最好的。

二、故意妄猜结果

我们主张要让学生自己跳一跳摘桃子，但有的学生就是怕困难，懒得跳。这时教育者就可故意妄猜他摘不到桃子，激活他的逆反心理，引导他跳着摘桃子。例如班上有两三个学生，老师布置的家庭作业他们常常是前半部分书写工整，正确率高，后半部分则书写潦草且错误较多。不难看出，他们缺乏毅力。于是，我特地增加一点作业量，说："今天增加了五分钟的作业量，我估计我们班至少有三到五个同学不能认真写完家庭作业，你们信不信？"全班异口同声："不信！""不信？明天看结果吧。"我故意流露出不相信的神情。第二天一检查，每个学生都比以往完成得更好。我特地表扬了那几个学生的进步，鼓励他们再接再厉。从这以后，他们作业的质量明显提高。

三、假意降低要求

少年气盛，青少年学生最怕被别人轻视。有的学生凭能力可以达到某一要求，但是由于不认真，或不能坚持不懈，怕困难等原因，常常达不到要求。这时，教育者可以假意降低要求，让他感觉到老师有些轻视他，激活其逆反心理，引导其克服困难达到要求。例如，有一周轮到班上第三组值周。这个组人员调整过几次，但值周情况总是不好。我对他们说："其他小组值周工作做得很好，多次在全校评比中为班级争得了'示范班'的荣誉，这是全班同学的光荣，更是他们的光荣。你们说是不是呀？""是。"几个学生笑着回答。接着，我用商量的口吻说："我想我们班这一周可能保不住'示范班'这块牌子。这样，给你们降低一点要求，只要通过你们的努力争得一个'优秀班'就可以了，你们看可以吗？"他们不服气地说："老师，你这不是轻视我们吗？这一周我们也一定要为'示范班'的荣誉而战！请相信我们吧！"我高兴地说："我相信你们是好样的！刚才你们说的也正是老师希望的。"这一周，在这个小组的几个学生齐心协力下，各项工作都做得非常出色，果真赢得了"示范班"的称号。①

"适当反面刺激""故意妄猜结果""假意降低要求"，这是林老师在运用激将法激励学生时所使用的三个策略。应该说，林老师对这个问题的认识十分有见地。激将法虽然是一种很好的方法，但它并不是十分容易使用的。有相当多的家长和教师在运用这个方法时，招致孩子的反感。

一位姥姥本来是想让孙女少看电视多看书，她却说："你就看电视吧，看书有什么用呀？反正你以后也考不上大学。"孙女明白姥姥其实是

---

①林英. 利用逆反心理规范学生行为 [J]. 班主任之友：中学版，2007（4）：33.

想刺激她努力，但是心里却非常反感，于是故意顶嘴说："你说得对，反正我也考不上大学，那我就不学了。"

一位高中班主任当着全班的面对一名学生说："你要是能考上大学，我就倒着走。"结果这名学生后来居然真的考上了大学，她寄了这样一张明信片给老师："据说倒着走对身体有好处，祝你身体健康。"老师很是伤心。

共青团辽宁省委青少年研究会曾经就"父母的哪种行为你最无法忍受"做过一个调查，结果发现有三成左右的孩子不能忍受家长说自己不如别的孩子的"激将法"。这一比例排在第一位，说明成长期的孩子有强烈的自尊心。激将法虽然灵验，但是要有分寸地使用，如果刺伤了孩子的自尊，结果将会适得其反。

【要诀】

＊ 激将法的实施对象主要是那些过于自负的孩子，他们眼高手低，有能力，但是努力程度不够。

＊ 对于心理比较脆弱或者比较敏感的孩子，建议不要使用激将法。

＊ 在参加一项比赛或完成一项任务之前，可适当地用激将法来刺激一下士气。

＊ 对同一个教育对象，激将法不可常用，偶尔使用效果才佳。

自然惩罚策略

第20计：照"妖"镜

一个人就好像是一个分数，他的实际才能好比分子，而他对自己的估价好比分母。分母愈大则分数的值愈小。

——列夫·托尔斯泰

用一种适当的方式让一个人能够在别人身上看到自己的错误，这种方法叫做"照'妖'镜"。

唐太宗李世民在魏征死后，曾说过一段著名的话，人以铜为镜，可以正衣冠；以古为镜，可以知兴替；以人为镜，可以明得失。这句话的潜台词是，人需要有一面镜子，以时时观照自己。

人需要一面镜子的原因是，人常常是看不见自己的。所谓知人易，知己难。知人者智，自知者明。改变自己最艰难，因为一个人看自己并不像别人那样清楚。如果真的能像看别人那样看到自己的问题，他改正的决心只怕要强烈得多。

当一个人犯错时，如果他没有意识到，或者没有强烈地意识到，此时跟他讲道理很难奏效，不如寻找一个合适的方法让他看清楚自己，他便会收敛。

移花接木

开学初，我班转来了一个名叫晓胜的新生。他常因为鸡毛蒜皮的小事对同学大打出手。其父亲是个蛮不讲理的人，每次儿子惹了祸之后，都想方设法地替儿子寻找各种各样的借口来推脱责任。一天，晓胜又因为一点小事，把同桌晓新的手给打破了。我领着晓新到医务室包扎，花了 16 元钱。看着这 16 元的医药费收据，我知道找晓胜的父亲一定讨要不到，因为上次晓胜打伤同学的 25 元钱的包扎费还是我垫付的。

回到办公室，我有了主意。打通了晓胜父亲的电话后，我带有歉意地说道："晓新因为一点小事把您儿子晓胜的手给打破了，我带他到医务室包扎伤口，花了 16 元钱。"晓胜的父亲着急地问道："伤得严重吗？张老师，你赶紧联系晓新的家长让他多带点钱，我这就去学校，校医务室能信得过吗？我要带孩子去医院好好看看。"晓胜的父亲来到学校知道了事情的真相，像是泄了气的皮球一样，没有了以往的嚣张。我平静地对他说："我在电话里欺骗了您，对不起。我只是想让您能够换位思考一下，如果您的孩子让人打了，您会怎么想。晓胜已经不是第一次打同学了，上次把同学打伤我就垫付了 25 元钱，今天我又垫付了 16 元。您看这两笔医药费怎么处理合适呢？"晓胜的父亲爽快地说道："孩子淘气，给您添麻烦了。"说着他掏出 50 元钱放到我的手中："这 50 元钱还上这两笔医药费后，剩余的您看着给晓新买点什么吧。以后我一定好好教育晓胜，让他少惹祸。"①

《西游记》中的照妖镜具有很高的法力，能够把妖怪的原形照出来。站在你面前的是一个美少女，镜子一照，里面竟然是一个白骨精。震撼教育中的照"妖"镜当然不是照妖怪的，而是把人身上的错误照出来。对于教育者来说，选择合适的镜子并把它亮出来就至为重要。

亮镜的第一个做法是"以其人之道，还治其人之身"。

---

①张金传. 应对蛮横家长四招鲜［J］. 班主任之友：中学版，2006（8）：24－25.

以其人之道，还治其人之身——转化自私学生的尝试

今年我接了一个六年级班，刚接这个班，别的老师就私下告诉我张鹏（化名）是个"自私大王"。听到这样的介绍之后，我对张鹏就多了一些特别关注。经过一个月的仔细观察，我发现张鹏学习很用功，成绩很好，经常深钻难题，但也的确像老师们说的那样很自私，从来不让别的同学碰他的东西；别人问他问题，他从不热心讲解，生怕别的同学超过自己；但他又是一个好面子的学生，也从来不直接拒绝同学的请求，总是说"我待会给你讲"。

我把这一切看在眼里，经过一段时间的思考，想出了一个转化他的方法。

那天，我早上刚到办公室，张鹏就拿着一本课外练习册找我，他说："老师，昨天作业有道题很难，我做了好久都做不出来，请老师给我讲讲。"看到他那着急的样子，我故意漫不经心地说："是吗？先搁那儿吧，待会儿给你讲。"张鹏听我这样说，就走了。一上午我也没给张鹏讲。中午放学，张鹏在我办公室门前转，我知道他在等我给他讲那道难题，我还是装作没看见。到下午放学其他同学都走了，张鹏终于按捺不住了，走到我跟前，说："老师，我问您的那道题，您看了没有？"我说："看了，着急了？等待的滋味不好受吧！"这时，他已经悟出我的用意，不好意思地低下了头。

我轻轻抚摸着张鹏的头说："张鹏，咱班几十位同学是一个大家庭，应该相互关心，有了困难要互相帮助……"我刚说到这儿，张鹏抬起头，对我说："老师您不用往下说了，我明白了。您看我的行动吧。"说完就要往外走，我笑着叫住他，说："难题我还没给你讲呢！"

他笑了，我也笑了。①

亮镜的第二个做法，是开展一个班级主题活动，让学生倾听全班意见，注意不要开成"批斗会"。而要全面客观地对一名学生进行评价。如果考虑到学生的心理接受能力有限，则可以采用第三个做法。

亮镜的第三个做法是把学生的错误通过小品的方式表演出来。表演的好处是可以适度地提炼和夸张，以突出戏剧效果。

此外，如果当面批评不能奏效，让其他学生传话也是方法之一。在与别的学生谈话时，有意无意地插入对该学生的评价，该评价传到当事人的耳朵里，会产生和当面说不一样的效果。只是，这种方法打击效果惊人，运用时还需仔细斟酌。

一位教师运用此法成功转化了一名学生。

班级中有个"小霸王"小郭，时常欺负弱小同学，没有朋友，可越是孤独就打得越凶、越频。每次打完后都不以为然，认为自己和同伴只是玩闹，甚至反劝教师不要小题大做。有一次，教师召集了几个经常挨打的同学，授意他们给小郭写信，陈述自己的痛苦：挨打后身体的疼痛、打架后被父母责怪、受到老师批评心里的疼痛。几封信交给小郭，教师让他认真阅读，用心体会。没想到小郭才读了第二封就流着泪说：我从没想到同学这么难过，这样怕我，其实我只是和他们开玩笑，我是想和他们交朋友的……事后，小郭开始学习如何与同伴交往，他的朋友也越来越多。

2008年北京奥运会后，世界乒乓球男单头号选手王皓状态下滑，身体发福，明显缺少继续艰苦训练的动力。教练员刘国梁看在眼里，急在心头。几次大的比赛王皓成绩都不理想，网上出现了许多对王皓的批评

①彭荣. 以其人之道，还治其人之身：转化自私学生的尝试 [J]. 班主任，2008 (12)：24.

乃至讥讽、嘲笑。刘国梁把这些负面评论收集起来，装订成册，送给王皓看，对王皓产生了极大的触动。从此王皓振奋精神，在很短的时间内就减肥十几斤，竞技状态也有明显提升。

【要诀】

　　＊ 当班级里某一种不文明现象泛滥时，可以组织一次班级主题活动，让学生把这些不文明现象表演出来，尤其要让那些犯错的学生意识到第三方（班级女生、家长、教师或者邻班学生等）的感受。

　　＊ 把自己对某犯错学生的期望与失望在其好朋友面前表达出来。

　　＊ 在必要的时候，以其人之道，还治其人之身。例如某教师把上课不听讲的学生叫到办公室，让他抄写一段课文。学生交上来之后，教师看也不看，直接撕掉。然后让学生讲他的感受，并加以分析、引导。

　　＊ 照"妖"镜的做法通常都会让当事人有不适的感觉，因此真相大白后，教师要做必要的说明。最好首先就采用这种做法道歉，并表示自己也是不得已而为之的。

第21计：抑扬经

将欲歙之，必固张之；将欲弱之，必固强之；将欲废之，必固兴之；将欲取之，必固与之。

——《老子·三十六章》

欲扬先抑，欲抑先扬，这是文学作品的一种表现方法。例如，作者想褒扬某个人物，却不从褒扬处落笔，而先是按下，从相反的贬抑处落笔。或者与此相反。这样做可以使情节多变，形成波澜起伏，造成鲜明对比，容易使读者在阅读过程中产生恍然大悟的感觉，留下深刻印象。

在学生工作中，也可用这种方法。当我们要抑制学生的一种行为时，一开始并不表明态度，相反，甚至可能进行鼓励，等到学生自己发现问题时，再加以抑制他们就比较容易接受了。这种方法称为"抑扬经"。

换　　座

新的学期开始了。报名注册、下发新书、假期总结……正是班主任忙得焦头烂额的时候。与以前一样，又有许多学生找我换位子，理由不外是眼睛近视或与同桌关系不好等。那就给他们调吧！可是牵一发而动全身，几乎每个学生都要求换位子，这可怎么办呢？

情急之中，脑中浮现了一个念头：以前都是在老师的安排下换的座位，结果总是这里有矛盾，那里有意见，要不这次就放纵一下，让他们自己按自己的意愿自由调换。我一宣布这个消息，整个教室里就沸腾起来了，一个个要么拉着自己的好朋友，要么拖着书包，争先恐后地抢占满意的座位。

第一天，每位学生都在新鲜、兴奋中。可到了第二天，矛盾就渐渐地爆发了。一大早，早自修刚结束，小利就跑到我办公室，向我提出要换位子，原来是她和同桌吵架闹僵了。

到了中午，又有几个要求换位子，我感到奇怪："昨天你们不是为自己抢到好位子而感到高兴吗？今天怎么又要换了？"一个女生说："那个位子虽然靠前，但太偏了，我看不清黑板。"不一会儿，又有学生来报告，说是教室里闹翻了。我赶紧来到教室，听到里面一阵阵喧闹声，其中还夹杂着哭泣声。

原打算让他们多尝几天自由的滋味，可现在的局面是越来越混乱了，看来应该适可而止了。

我示意学生们安静下来，说："前几天，许多同学对老师安排的座位不满意、不高兴，都要求换位子。现在，老师满足了大家的愿望，让你们自己选择同桌，选择座位，为什么比以前更混乱、更不快乐呢？"教室里安静极了，好久，一个学生站起来说："我觉得有些同学只顾自己，把好位子占完了，那些动作慢的同学只能坐在后面，看小静那么矮坐在最后一排，她还怎么上课啊？"另一个学生说："有些同学为了和好朋友坐在一起而大骂原来的同桌，太没礼貌了！"又有学生说："我看我们还是换回原来的位子吧，一个集体如果没有秩序，那就乱套了。"

大家纷纷表示愿意换回原来的位子。我对这个结果感到满意。一个学生在第二天的日记中写道："在集体中，我们每个人都应该遵守规则。如果大家都按照自己的意愿做事，只顾自己，那会是一个多么麻烦的局面啊。在集体中，每个人都应该互相体谅，多为别人着想，这样的集体才会有更大的力量。"看来，学生们在这次自由换位中学到了不少，明白了很多道理。①

---

①俞可爱. 换座 [J]. 班主任之友：中学版，2006（12）：49.

另一位教师的故事更为精彩。

班级里学生起外号成风。学生不仅给同学起外号，还给教师起外号。有些外号十分不雅，当事人十分恼怒。班主任深知，如果在全班禁止，学生起外号的热情却不减，私下里还会偷偷进行。于是她心生一计，反其道而行之。

第一周，她肯定了部分学生给别人起外号的善意做法和其中的善意成分，并且要求那些喜欢起外号的学生给班主任也起一个好听的外号，如果外号让她满意，她还会奖励一个笔记本。学生热情高涨，她也兑现了诺言。

第二周，她接着请学生给科任教师起外号，要求同样是让他们满意，但这次没有奖品。学生也都完成了。

第三周，她说上周给老师们起的外号不够令人满意，需要重起。她要求每个人给每位老师起 50 个名字供他们挑选，如果不能完成要施以劳动的惩罚。学生叫苦连天。

第四周，她刚刚说上周起的外号还是没有令人满意的，仍需重起时，学生们纷纷讨饶说，以后再也不给别人起外号了，老师饶过我们吧。

至此教师跟学生讲道理，并且要求那些给别人造成过伤害的学生向当事人道歉，这时学生没有不同意的。

我在和家长沟通时，也常常运用这种方法。本来，我是要和家长谈孩子身上的问题的，但我的开场白却是表扬这个孩子的可爱之处，我会把他的优点一五一十地列出来，然后再回归主题，说孩子的缺点。这样做家长都很能接受，而且觉得我处事公正，对他的孩子比家长本人还了解。

【要诀】

＊ 批评一名学生前要先肯定他做得对的地方。反之，表扬一名

学生时也别忘了提醒他有不足。

 ＊ 要制止一种行为不妨先纵容一下，直到其缺点完全暴露出来，再加以处理，这时阻力就很小了。

 ＊ 学生通常会有反叛心理，越是教师禁止的，越是要去尝试；教师如果放开，学生反而会丧失热情。

第 22 计：太极功

避其锐气，击其惰归。

———《孙子兵法·军争》

动静开阖，刚柔快慢，上下左右，顺逆缠绕，忽隐忽现，虚虚实实，绵绵不断，周身一家，这就是太极之功。

太极功的妙处在于，你一掌打过来，我随掌而倒，实际却根本没有被这一掌所伤。等到你的掌收回之后，我又起来，毫发无损。反过来，你打我一掌之后，被我的内功反弹，你可能不会立刻有反应，但过一会儿，便会体会到我强大内功的威力。

教育中的"太极功"便是由此而来。对于学生的非分要求，教师顺势而为，不直接反对，却绵里藏针，使学生最终明白教师的苦心。

教育家苏霍姆林斯基讲过一个故事。他小时候住在一间杂货铺附近，杂货铺的老板待客友善，生意很好。作为一个小孩的苏霍姆林斯基看到的却是那些大人们只要给老板一样东西，就能换回自己需要的物品。于是有一天，他就拿了一把石子去跟老板说，他要换一些糖。老板愣了一下，什么也没说，收下了石子，给了他一把糖。

读过这个故事的人都十分佩服杂货铺老板的做法，认为他是一个"高人"。其高明之处在于，如果他当场指出"小苏同学"的错误，也不会被大家诟病，"小苏"同学也因此会学到一些经济学的知识。但是老板没有这样做，而是选择了将错就错，留给"小苏"的是等到他突然醒悟的那一天，内心的无比自责以及些许羞愧。杂货铺的老板知道，小孩子迟早会明白石头不能换糖的道理，而翻然悔悟的小孩子一定会为他当初的行为感到羞愧。

苦 肉 计

　　刚接手四班，我就认识了李浩——一个因从不做家庭作业而闻名的学生。一周下来，果然名不虚传，他只字未动，我打算找他谈谈，可转念一想，他什么样的老师没见过，夸奖型：挖掘成绩，鼓励表扬；温柔型：和风细语，晓之以理，动之以情；严厉型：宣布纪律，写下保证；吓唬型：必须完成，否则回家。这些对于身经百战的李浩有用吗？答案是否定的。结果是我没有找他，我在思索。

　　某日，听到他与同学闲聊："做老师真好，自己不做作业还可以给别人布置作业……"于是，我找个时机与他达成了一份君子协定：李浩每天认真完成刘老师布置的作业，刘老师每天认真完成李浩同学布置的作业。放学时，我给他布置了大约二十分钟的作业量，他由于没经验，给我布置了一个多小时的作业量。我认真完成了，虽然累。第二天，李浩看了我满满几页纸的作业，认真写了个"优"。李浩也完成了，虽然字不够端正，我也批了大大的一个"优"。他有些难为情，我却很激动。第二天放学时，我布置将近半个小时的作业量，他可能看到我昨天做得太多了，只布置了约二十分钟的作业量。这次我们都认真完成了，值得一提的是李浩的字明显端正了，估计是因为受了我的影响，我依然激动。好现象一直坚持了四天，周末到了，凭经验我知道他可能会贪玩，我特意少布置些作业，并半鼓励半开玩笑地说："可不能违反协定呀！"到了下周一，我满怀希望地看他的作业，结果却令人失望，但我依然拿出我的作业让他批，他红着脸批了个"优"。下午，他把补好的作业让我批，我很吃惊，因为我并没有叫他补作业，我感到很欣慰。

二十多天过去了，李浩每天都完成作业，我特别高兴，可我也苦恼，总不能把家庭作业一直做到他毕业呀，可这是协定，我应该遵守。有一天，我去外地参加一个活动，要五天，临走前，我们分别给对方布置了五天的作业。五天后，当我们互相批作业时，李浩先是红着脸，因为他一字未做，当我把满满的作业让他批改时，从来不哭的李浩哭了，哭得很伤心，他流着泪对我说："刘老师，以后我一定按时完成作业，请老师放心，我不再给您布置作业了，请老师别做作业了。"此时，泪水也模糊了我的视线。一年过去了，李浩已顺利进入初二，他实现了他的诺言。

现在每当想起此事，心中便一片释然。是爱心让我换来了学生难得的真诚。①

此案例名曰"苦肉计"，实为"太极功"。面对学生的无理要求，教师选择的是隐忍和退让，看起来软弱，实际上刚强。真所谓"有容乃大，无欲则刚"。必须注意的是，该学生"身经百战"，教师若采取常规办法，根本不能奈何他，而这一计，却十分厉害，堪称"核武器"。

太极功貌似温柔，实则坚硬，回击的力量巨大。一般的人选择"以直报怨"，而太极功高手选择"以德报怨"，并且，他相信道德的巨大力量会给予"制怨者"应得的处罚。

运用太极功时，一开始的确要受别人一掌，吃点苦头。与苦肉计不同的是，太极功不是主动进攻，而是积极防御。你要么不打我，要么你打我一下，但够你受的。

曾有一人在报上登载寻人启事，寻找"文革"中教他的老师。原来"文革"之中他造老师的反，强迫老师跪在地上并把粪浇在老师头上。多年以后，他事业有成，但每想到此事便悔恨不已，不找到老师当面道歉

---

①刘兆伟. 苦肉计［J］. 班主任之友：中学版，2008（12）：49.

便寝食难安。老师最终找到，已是白发苍苍。老人轻轻一笑，说"我不怪你，那时你还是个学生，不懂事"。一番话，说得此人痛哭不已，羞愤难当，老师骂他一顿他反而会好受得多。

再看到学生乱扔垃圾怎么办？当着他的面，你捡起来，他扔多少，你就捡多少。一些学校也因此倡导"你扔我捡"。不过坦率地说，学生扔，学生捡，效果不大；学生扔，教师捡，效果才明显。

【要诀】

* 在学生提出无理要求时，不是当面驳斥，而是有条件地答应。

* 不动声色地制造冲突和矛盾场景，让学生意识到自己的错误，从而醒悟。

* 不拘泥于一时的得失，相信学生一定会有明白的那一天，那时，教师越是不在意，学生的内疚就会越强烈。

第23计：自缚茧

己所不欲，勿施于人。

——《论语·颜渊》

古时有一副对联："鸿为江边鸟，蚕是天下虫。"这是一副巧妙的拆字联，天下有虫即为蚕字。蚕是很小的青虫，喜欢吃桑叶，吃了桑叶就吐丝，吐出的丝成为蚕茧，却把自己困在其中。不过，它把自己逼上绝境，却并不是死路一条。蚕咬破茧后，成了飞蛾，反倒可以自由自在地飞翔。这种置之死地而后生的表现，让我很佩服这种生物的想象力和勇气。

我们生活在其中的世界，蕴涵着很多危机。远的不说，就说我们所处的环境，有越来越恶化的趋势，这实在是我们作茧自缚的结果。只是，这个后果的周期太长，我们的下一代或者再下一代才是真正的受害者。

对于学生的一些不良习惯，教师采取一定的策略，让学生作茧自缚，让他在自己铺的不平路上摔倒。这种方法叫做"自缚茧"。学生品尝自己的行为所带来的后果，他便怨不得任何人，只能吸取教训。

考考自己

上完了一个单元，我想检测一下学生的学习情况，于是借用了魏书生老师的"懒招"——让学生自己出题后交换考试。学生听说自己出题考别人，兴致挺高，到处翻书查资料，一节课的时间便都工工整整出了满满一大页。

第二节课，所有的学生拿着自己精心筛选的试题做上交状，我恶作剧般宣布：各考各的试卷。教室里顿时沸腾起来，有的拍手叫好，有的叫苦不迭，有的竟深感惋惜。考后收卷一看，满分仅三个，优秀者也刚过半数，居然还有一部分学生不及格。我要学生分析分析原因，大家七嘴八舌地议论开来。

"要求别人做的，我自己先弄懂了。"满分者如是说。

"我出的题都是基础题，我希望别人考得好些，考好了，今后学习会更有信心。"——不愧是一班之长。

"粗心，做题习惯不好。"不少学生不断地埋怨自己。

"有些题目自己也不会做，本想通过参照他人的答案来弄清，谁知……""沉默是金"者一语中的。

"我想反正考别人，自己没必要弄懂，归根结底是老师常说的那个字……"

全班学生帮着齐声问答："懒。"

"我只想考倒他人，故意出难题，谁知搬起石头砸了自己的脚。"

"活该！"同学们一脸的坏笑。

……

"通过考试，你们又进一步认识了自己哪些方面？"我趁热打铁。

"学习不扎实。"

"学习不够自觉。"

"学习是自己的事，不懂得问。"

"待人要真诚。"

"做题要细心些。"

"害人先害己。"

……

真高兴，我别出心裁的这一招，不仅让学生在查阅资料、制卷、解答的过程中，做到了"温故而知新"，而且让他们在考后的讨论、分析、交流活动中看到了自己学习上存在的问题，懂得了学习要踏实、做人要诚实、待人要和善的道理。

怎么样？一箭多雕的美事儿，你也不妨试一试。①

一位高中语文教师，平日里对于学生的错别字总是要求他们抄写10遍、20遍以加深印象。不料，一日她自己不小心在黑板上写错了一个词，被学生指出来之后，她连忙跟学生道歉。学生却不依不饶，要求老师也罚抄，教师决定接受学生的处罚，把写错的词抄写200遍。在写到八十多遍时，教师感觉到头脑渐渐麻木，一不小心，有两组词就抄错了。这次经历让教师明白了一个道理，罚抄并不能促进记忆，因为此时学生的抄写只是机械动作，意识已经不参与其中了。虽说教师是作茧自缚，但是明白了一个道理，她还是感觉很有收获。

【要诀】

  * 教师对学生使用的一些处罚方式自己不妨亲身体验一下，看看是否有效果。

  * 当学生有一些不良习惯时，不妨设置情境，让学生自己体验不良习惯的后果，以促其反省。

  * 教师所做的茧必须在学生能够咬破的能力范围之内，或者留一条缝，让其最终能够爬出来。

---

①付群英，刘祥佳. 考考自己［J］. 班主任之友：中学版，2006（11）：47.

第 24 计：顺推手

只有知道如何停止的人才知道如何加快速度。

——俞敏洪

对学生的错误或者荒谬行为不但不加阻止，反而顺推一把，加快其不良结果显现的速度，这种方法称为"顺推手"。

物理学上有动量和动能的守恒定律，在人与人的交往中，情感也有类似的规律。

当一名学生冲动、暴躁的时候，其冲动指数就相当于在加速。教师如果硬碰硬，必定会火花四溅。一种可能是学生的行为能够被制止，但是情绪并没有消解，能量就像火山积累一样，下一次发生更大的爆发；另一种可能是直接爆发，酿成更大的冲突。

通常情况下，直接去抵抗对方的冲击，固然会产生震撼效果，但不是好的教育。

俗语说："不听老人言，吃亏在眼前。"然而，人性的局限就在于：我们有太多的事例能证明人往往倾向于"不撞南墙不回头""不见棺材不掉泪""不到黄河心不死"。因此在有些情况下，教师的温婉劝说学生不但听不进去，还会觉得很烦，于是，"顺推手"的教育方法应运而生。

在"顺推手"的帮助下，学生能够尽快意识到自己行为的荒唐与错误。学生一旦意识到可怕的结果，便会迅速冷静下来，危机从而化解。

我给你一把"刀"——先跟后带，巧妙化解突发事件

吃过午饭，我带着胃的满足和满脸的惬意，和同事有说有笑往办公室走去。刚走上楼梯，迎面遇到班里小坚同学怒气冲冲地往楼下冲，他完全没注意到我，和我撞了个满怀。我心中一愣，这个"冲动大王"要干什么呢？

于是我大喝一声："小坚，站住！"

他下意识地站住了，我赶忙走过去，两眼直视他，问："看样子，发生了不愉快的事，你很愤怒，是吗？"

他气呼呼地说："是的。"

我提高音调，与他的语气语调保持同步："嗯，看得出来，你还真是气得不轻，看来你是想去找对手算账，给自己出口气，是吗？"

他大声地说："对，老师你就别浪费我的时间了，我要下去砍了他！"

我一听吓了一跳，要出人命案了。我心里急，脸上却没有表现出来。接着他的话茬，我说："哦，砍了他，可你两手空空，拿什么去砍呢？要不，你等等，老师给你找把刀？"

"啊？你给我找把刀？"他觉得不可思议，注意力开始转向我说的话。

"当然啦，我给你找把刀。我还想问你一个问题，你砍人的目的是什么？"

他脱口而出："解气，爽，舒服！"

我继续追问："好啊，你把人砍了，解气了，那么你接着准备做什么呢？"

"我就回教室呗，高高兴兴地上课呗！"他显得有些兴奋，仿佛真砍了仇人一般。

"嗯，回教室，继续读书，好。可是，你想过没有，被你砍了的人会

怎么样?"我开始引导。

"他被我砍了,大不了来和我打嘛,我不怕!"他的火气又上来了。

我放低语调,心情有些沉重地说:"可我想,你把对手砍倒回到教室后,来找你的不是和你打架的人,而是来抓你的警察。"

"那就把我抓起来呗,我去坐牢,这样就不用担心没有吃饭的筷子了,更好!"他有些激动。

这时我才明白事情与午餐有关。我依然不动声色,接过他的话头,装着有点吃惊地问道:"原来你是为了一双筷子呀!宁可坐牢也要争取到筷子,那你家里平时没有给你筷子用吗?"

"那倒也不是……"他有些难为情起来。

"能不能讲讲怎么为了一双筷子打起来的?"我开始询问事情原委。

"今天中午放学后我有事,等办完事回来吃饭,已经迟了,发现没筷子了,于是去楼下找送饭的工作人员要。没想到他一听说要筷子就骂我,说,筷子有什么好玩的,饭都吃过了还要筷子。当时我也没跟他计较,好说歹说总算给了我一双。可我们是两个人,一双筷子怎么吃呢?我就把筷子一分为二,两个人凑合着用半截筷子把饭吃了。然后我们到楼下玩,没想到经过送饭处的时候,看到筐里有一堆筷子。我质问不给我筷子的那个人,没想到他张口就骂。我可不是被骂大的。我马上抓了一把筷子到楼上,从二楼走廊上扔了下去。这下他骂得更难听了,还很凶的样子,像要把我吃了似的……我就要收拾收拾他!"他像"爆豆子"似的,一口气讲了出来。

这时,我心里有数了,微笑着对他说:"难怪你火气这么大,确实是受气了。我想请你先做几个深呼吸,然后再回到我们刚才谈话的内容,你想想,你要是进了牢房,你爸妈看着自己的宝贝儿子为了这么一件小事被关进了牢房,他们会怎么样?"

我看到他闭上眼睛,还不时地摇头。几分钟后,他睁开眼睛,眼眶有些微润，对我说："老师，不管是他砍伤我，还是我砍伤了他，我爸妈都会被我气死的。看来，还真不能把他砍了。"

"那么，老师不用去拿刀了？"

"老师，你别笑话我了。我知道刚才我太冲动了。"他不好意思了。

"好，那我也不开玩笑了，说正经的吧。我们现在就来想想，假如同样的事情再次发生，你怎么做才能既让自己心里舒畅，又能和那位送饭的工作人员搞好关系呢？现在老师留给你这个作业，去想出三个以上的办法，好吗？"

"Yes！我下午再向您汇报！"

他笑了，我也笑了。①

在与人谈话中，掌握归谬法会产生很好的顺推手效果。

古时有一个人宣扬宗教，说人不可杀生，如果杀了一头猪，来生就要变成一头猪；如果杀了一头牛，来生就要变成一头牛；假如踩死一只蚂蚁的话，来生就要变成一只蚂蚁。旁边有人插话说，那还不如直接杀人呢！这样来生还是变人。那人目瞪口呆。这就是归谬法的威力。

在有些情况之下，仅仅靠分析得到可怕的结果仍然无法阻止一个人的错误行为，那么，就需要教师进一步设置情境，在可控的范围内让其错误行为的后果呈现，以惊醒梦中人。

【要诀】

* 学习归谬法的思路，当别人出现逻辑上的漏洞时使用，会有

---

①马琳. 我给你一把"刀"——先跟后带，巧妙化解突发事件［J］. 班主任，2008（10）：26－27.

奇效。

    ＊ 当学生的逻辑发生错误时，不马上加以驳斥，而是顺着他的逻辑推导下去，直到得出一个荒唐的结果为止。

    ＊ 在学生情绪激动的时候，不是马上加以劝阻，而是顺着他的思路，以其帮手的身份，共同分析其行为可能导致的无法承受的后果，直到其冷静下来。

    ＊ 顺推手的目的不是让学生受伤害，而是让他免于受到真正的伤害。

第25计：究底针

追求得到之日即其终止之时，寻觅的过程亦即失去的过程。

——村上春树

在测验或者考试的时候，不是浮光掠影，而是追根究底，或者有意识地出一些难题考倒学生，往往会收到很好的激励作用，我们把这种方法称为"究底针"，那些错误的答案就像针一样刺痛学生的心灵。

一道特殊的测试题

在上护理学校的第二个月，护理学教授给我们做了一次小测验。我是个学习非常认真的学生，顺利地做完了前面的题目，可最后一道奇特的题目却难住了我，这道题目是："你知道我们学校那位女清洁工的名字吗？"我眼前立即浮现出那位女清洁工的形象，她身材比较高大，一头金黄色的头发，十分引人注目，我每天在校园里都能见到她。要命！她的名字是什么呢？我记得她的胸卡上有她的名字，名字的字体比较大，可是我从来没有注意到具体是什么名字呀！

我以为这只不过是教授跟我们开的一个玩笑，就把那道题目空着交了试卷。

在交卷的时候，我看到几乎每张试卷的最后一道题目都是空着的。此时，一位女生问教授："最后这道题目真的会计分吗？"教授认真地说："这不是玩笑，这是一道严肃的题目。作为护理专业的学生，你们毕业后会与许许多多的患者打交道，你们不但要好好护理他们，更重要的是要给他们心理上的关怀，要尊重他们。怎样做到尊重他们呢？首先得记住他们的名字。校园里的女清洁工每天为你们辛勤劳动，你们有多少人记住了她的名字？你们有多少人见到她和她打招呼呢？"那次的考试给我留下了深刻的印象，它让我学会了尊重他人。①

严格来说，教授的这道测试题有点吹毛求疵，这正是"究底针"的特点。然而，这种严格甚至是苛求亦是可以理解的，积极的学生可以将其看做是教师的精益求精，从而学到严谨的学术作风。

让我受益一生的一课

记得在读研究生时，有一次上课之前几分钟，老师坐在讲台上漫不经心地翻书，看了一下手表，告诉大家还有五分钟就要开始上课了。

这时外面走进来一个人，她好像是来找什么东西的，进门后她环视了一下四周，从讲台上走了一圈，就走出去了。

两三分钟后开始上课时，老师的第一句话是："刚才进来一个人，大家都看见了吧？好，从左边第一排第一个学生开始，每一个人都简单地用几句话描述一下她给你的感觉和第一印象。"

这时全班学生立即进入回忆状态，确实所有的人都看见她进来了。一个人说："她是一个年纪约在 20 到 25 岁之间的女性，短发，穿着深蓝色的裙子。"另一个人说："她是四十多岁的中年人，中等长发，穿的是黑裤子。"又一个人说："她留给我的印象是怒气冲冲，好像很不愉快的样子，倒没注意头发的长短和裙子或裤子。"就这样，全班学生一人一个说法，没有两个是完全一样的，倒像是曾经进来的是二十多个不同的人，

---

①乔安妮·琼斯. 一道特殊的测试题［N］. 环球时报，2004－06－07.

从短发到辫子，年纪从轻到老各种说法都有，衣服的颜色就更离谱了，到底是裙子还是裤子，谁都坚持自己的意见。

这时老师叫这位让大家有争议的女生再进来，学生一个个都睁大眼睛把嘴闭上了……

没有一个人说完整了，描述全了，因为当时谁也没有真正注意过她，全是在凭自己的印象似是而非中，却又强调自己的正确，吵了一阵，全是为了维护自己的偏见。

这前后一共也不到 10 分钟的经历，却在我今后的生活、工作中打下了深深的烙印，我曾经也是那么固执己见。①

许多人在这样的测试中受益。伞兵在训练跳伞时，教练会故意把伞绳、伞面搞乱，然后让伞兵在十秒钟的时间内整理好。时间一到，所有人都必须停止，教练来检查。每检查一个，教练就会拍拍战士的肩，说"你活了！"或者"你牺牲了"。通过这种"魔鬼"训练的伞兵才能在战场上更好地生存下来。

蒙哥马利曾在部队当过运输兵，并参加了当时有关主要运输工具骡车与骡子的相关知识的进修。在进修结束时，有一个考核。

考试开始时，考官用充满血丝的眼睛注视着蒙哥马利，问道："骡子一天大便几次？"

这个问题完全出乎蒙哥马利的意料，接着便是一阵尴尬的沉默。在绝望中，蒙哥马利飞快地开动脑筋：是不是上午 3 次、下午 3 次？晚上也许只有小便而没有大便？只听见考官又问："准备好了吗？"

"准备好了，6 次。"

①叶流. 让我受益一生的一课 [J]. 交际与口才，2006 (11).

"不对，第一题不及格！零分。"

"那么正确的答案是几次呢？"

"8次。"

"先生，我看6次、8次没有多大关系。"

"不准无礼！你的耐心会让你知道我的结论是正确的。第二个问题……"

尽管第一题得了零分，蒙哥马利还是顺利地通过了考试，一颗悬着的心终于放了下来。但是蒙哥马利没有作罢，他的好奇心上来了。观察了半个月，他发现骡子果然是一天拉8次屎。这件事对他触动很大，后来他对别人讲："这次考试使我真正懂得，一个军人在战场的观察力来自他平时对生活的积累，而缜密的计划只能来自源源不断的、全神贯注的观察力和思维能力。"①

蒙哥马利后来给自己立了一个座右铭："笔比剑更重要。"他坚持不懈地阅读与思考，努力精通他的专业，细枝末节也不放过，终于成为英国乃至全世界的一代名将。

"究底针"的适用对象是那些优等生或者天赋较高的学生，他们能力很强，表现优秀，却也往往容易变得自高自大，不可一世。抓住其弱点，有理、有利、有节地给他们上一课，是对他们真正的帮助与呵护。

【要诀】

＊在学习一个知识内容之后，首先问学生有没有问题。如果学生回答没有问题，则教师开始提问。所提问题要看似简单，却足以

---

① 引自：世界报，2007 – 01 – 10.

难住学生。

＊ 给学生阅读一段材料，问学生掌握了没有。等到所有学生都点头后，收好材料，教师询问其中一个细节。

＊ 在未提前通知的情况下进行一次测试，测试内容平时曾经讲过，以甄别哪些学生学习扎实、效率高。

＊ 对于那些自高自大的学生，不妨吹毛求疵，以鼓励他们精益求精，更上一层楼。

第26计：一言鼎

遵守诺言就像保卫你的荣誉一样。

——巴尔扎克

一言九鼎是一个成语，形容人说话分量重，信誉高。我们平时说一句话很轻松，可是，如果我们把说过的话当成诺言，这句话就产生了力量。"一言鼎"便是这样的教育方法。

古时有一个曾子杀猪的故事。曾子的妻子去赶集，儿子哭闹着要跟着去，妻子说："你待在家里，等我回来杀猪炖肉给你吃。"儿子信以为真，妻子回来后，见曾子正捉了猪，磨刀准备杀，赶忙阻止说："我说杀猪是哄孩子的。"曾子正色道："说到就要做到，你现在欺骗他，是在教他骗人哪！一旦孩子不再相信你，你的教育就不会再有效果。"于是，曾子把猪杀了炖肉给孩子吃。

大家都觉得做皇帝很好，其实做皇帝很苦，因为君无戏言，做皇帝的每说一句话都要仔细思考，听的人都会当真。如果我们人生中说过的每一句话都要记住，都必须做到的话，这样的人生也未免太累了。

反过来，如果讲话太随意，一点都不讲诚信，或者，别人对你讲的话无所谓，可听可不听时，用"一言鼎"的方法来教育一下他，就很有必要。

特别的竞选

本学期我新接了一个五年级班。开学伊始，我在班里进行了一场特别的班干部竞选，给了学生一次特别的教育。

通过观察、了解，掌握了学生的基本情况后，我告诉他们："我们班将举行一次班干部选举，想参加的同学请在今天回家后写好竞选申请书。选举的具体时间待定，但请同学们做好准备。"我故意不把时间说清楚。

第二天早上，晨会课铃声一响，我就请参加竞选的学生把申请书交上来。我话音未落，教室里一片哗然："啊？我还没写好呢！""我忘带了！""我还没誊抄呢！"显然，很多学生没把这件事放在心上，就连那位已经连任四年的前任班长也没写。看着他们着急的神情，我说："只有现在把申请书送上来的同学才有资格参加竞选。"教室里更是一片沸腾："能不能下午交？""能不能不写？""以前老师没让我们写过这东西。"……

看着我严肃的表情，教室里渐渐静了下来。我语重心长地说："同学们，这里我要告诉大家的一个道理——机不可失，时不再来。机遇就在你面前，你不抓住它，它就会跑掉，这样你什么也得不到。"学生们惊奇地瞪大了眼睛。

然后，我对送上来的申请书进行了筛选。这些申请书可谓五花八门，有字迹龙飞凤舞的，有父母代笔的，有写在皱皱巴巴的纸条上的……我将不合要求的申请书退还回去。学生们又一次瞪大眼睛看着我，从他们的眼神中我看出了不解与不满。这时我说："从这些不规范的申请书上，我看出这些同学并不重视这次竞选。同学们，机遇在你面前，如果你不尊重它，同样什么也得不到。"被退回申请书的几位学生不好意思地低下了头。

……

竞选结束后，教室里响起一片惊叹声，因为结果出乎多数人的预料，出现了很多新的班干部。

最后我问学生，通过这次竞选得到了什么启示。大家都很激动，争着说："机会每个人都有，但成功要靠自己争取。""我们应该重视机会，把握机会，抓住机会。""竞争中我们应该避强就弱，同时多给自己留条后路。"……①

有些老师喜欢对自己讲过的重要内容进行强调，这本身无可厚非，但有可能造成的结果是，如果教师没有进行强调，学生就会觉得无足轻重而不加以重视。上例中的这位班主任就利用一次班干部竞选的机会很好地给学生上了一课。相信以后教师再向学生布置什么任务时，教师即使不强调，学生也会全力以赴的。

有一次，我用这个方法治理了学生排队不整齐的问题。晚自修结束后，我要求学生必须排队回宿舍，宿舍的老师会在宿舍门口清点人数。我对学生说，老师的要求很简单，只有两个，第一必须保持队形，第二不能说话。如果做不到，就回教室重新走一次。我说时口气很轻松，并且预料到可能有学生不重视，但并没有因此就特别强调。

在学生排队回宿舍的过程中，果然有几名学生渐渐地走成了一排，还有人小声说话。我没有制止。等到队伍走到宿舍门口，大家都已经准备好回宿舍的时候，我却让队伍停下来，严肃地指出刚才队列中的几个问题，并且要求学生回去重走一遍。所有的人都十分懊恼，但又无可奈何。从此之后，每次晚自修结束时回宿舍，无论我跟不跟队列一起走，学生们都会相互提醒，队伍特别整齐。

有些家长和教师之所以在学生面前没有威信，就是因为常常在孩子面前不守诺言，有了一次的不诚信，至少需要十次的诚信才能弥补，因此，"言必信，行必果"，这是教育者威信的源泉。

---

①陈冉. 特别的竞选［J］. 班主任，2008（11）：25.

【要诀】

* 教师对自己在学生面前讲的每一句话都要特别谨慎，不对学生许无法实现的诺言。

* 要记住，讲出去的话就如同泼出去的水，是无法收回来的。

* 除非特殊情况，不要对自己讲话中的一些内容过分强调，因为过分强调一部分内容就是不强调另一部分内容。

* 记住学生们说的一些话，要求他们信守承诺。

第27计：挥泪斩

寄托有时便是断送。

——雨　果

越是情感与理智冲突强烈时，越要遵守规则，尤其是在需要实施教育惩罚的时候，这便是"挥泪斩"。

"挥泪斩马谡"是历史上脍炙人口的故事。后人对此评价甚高，以"法加于人也，虽从死而无怨"来称赞诸葛亮赏罚分明、勇于负责的精神。我却认为，诸葛亮高明之处就在于他这一斩不是普通的斩，而是"挥泪"的斩。

从感情上来说，诸葛亮不想杀马谡，不仅是因为两人关系很好，他很欣赏马谡，也因为当时蜀国其实很缺乏人才。但是从理智的角度来说，诸葛亮知道自己必须得这样做。当感情与理智发生冲突的时候，一个高明的教育者往往能够用理智来指导自己的行为，而不是用感情来代替理智。

下面一则故事也很有名。

让规则看守世界

1764年的一天深夜，一场大火烧毁了哈佛的图书馆，很多珍贵的古书珍籍被毁于一旦，让人痛心疾首。第二天，这场重大事故学校上下得知，有名学生尤其面色凝重。

突发的火灾把这名普通学生推到了一个特殊的位置，逼迫他做出选择。在这之前，他违反图书馆规则，悄悄把哈佛牧师捐赠的一本书带出馆外，准备优哉游哉地阅读完后再归还。突然之间，这本书就成为哈佛捐赠的 250 本书中的唯一珍本。怎么办？是神鬼不知地据为己有，还是光明坦荡地承认错误？一番激烈的思想斗争后，惴惴不安的学生终于敲开了校长办公室的房门，说明理由后，郑重地将书还给学校。霍里厄克校长接下来的举动更令人吃惊，收下书表示感谢，对学生的勇气和诚实予以褒奖，然后又把他开除出校。

哈佛的理念是：用校规看守哈佛，比用其他东西看守哈佛更安全有效。①

这是典型的"挥泪斩"。霍里厄克校长一方面感谢这名学生并进行褒奖，另一方面毅然将其开除，这一赏一罚形成多大的反差，又需要多么大的勇气啊！如果说之前的赏我们都能理解的话，后面的罚实在是太出乎所有人的意料了。

"挥泪斩"的机会是不常出现的，如果出现我们必须把握住。不斩的理由总是很多，而且远远要多于斩的理由。我很佩服那些做出"挥泪斩"举动的人。在其做出决定的一瞬间，他需要承受极大的压力，不是所有人都能承受这样的压力的。一位能做到"挥泪斩"的教师一定有情、有理、有义、有节，那一瞬间的决定迸发出人性的光辉与力量。

【要诀】

* 树立规则面前人人平等的意识，坚持对事不对人。

* 如果自己最器重、最欣赏的学生违反了班规，就是实行"挥

---

①陈全忠. 让规则看守世界 [J]. 阅读与作文：高中版，2005（6）：4-5.

泪斩"的时机。

  * 首先要坚定"斩"的决心，其次不能很快"斩"，要有一个犹豫的过程用来"挥泪"。

  * 对于被"斩"的学生要加以更多的关爱与帮助。

高峰体验策略

第28计：空鸟笼

如果你手头有一把锤子，那么你碰到的所有问题看起来都像钉子。

——西方谚语

"空鸟笼"是一个心理学上的规律，教育者看似走了一步闲棋，却令结果呼之欲出。

它来源于一个小故事。一位心理学家和他的朋友打赌说："如果我送给你一个鸟笼，你把它挂在房间里，过不了多久你一定会买一只鸟。"朋友不信，于是同意打赌。

结果，每一位到心理学家这位朋友家做客的人都注意到那只挂在窗口的漂亮鸟笼，而且不约而同地都会问同样的问题："你的鸟什么时候死的？"朋友回答："我从来没养过鸟。"于是第二个问题紧接着而至："不养鸟挂只鸟笼干什么？"朋友无法解释。时间长了，朋友不胜烦恼，终于买了一只鸟放进笼中，于是再也没有人问他同样的问题了。

生活中，我们常常遭遇这样的"鸟笼"困境。数年前，在我还是大龄"剩男"的时候，我经常会被一个问题困扰：年纪大了，该找个女朋友了。这些唠叨来自父母倒也算了，可是朋友、同事包括领导也都这么说。后来总算个人问题解决了，第二个问题接踵而至——什么时候生个宝宝？我的婚姻状况就像那只鸟笼，人人都在关心那只鸟在哪里。

在有经验的教师那里，任何东西都能成为教育的工具。

两颗红枣　一节班会

周末闲逛，看见一个中年人卖红枣，鲜红发亮的红枣，让人垂涎欲滴。枣农告诉我，枣的营养价值很高，我就买了点回去，香甜可口，果然美味。突然间，一个奇妙的想法在心里酝酿……

第二天，我买了一箱大红枣，又去文具店买了几个大信封，把我班学生宿舍的房间号标在信封上，然后在每个信封上都写上"高二（13）班幸运枣"的字样，我计算好人数，每人两个，混合宿舍依然按全寝室人数发放，保证我班的每个学生都有枣吃。

当天临近放学的时候我对学生说："今天晚上有一项特殊的作业，需要你们回宿舍完成，放学后我会让寝室长给你们带回去的。"然后我把所有寝室长叫到我的办公室里开会，我们首先总结了前一段的工作，然后我安排寝室长："第一，一定要保证让你所在宿舍每个成员都吃到枣，这是咱们班每位同学都有的权利，也是必须享受的'福利'；第二，混合寝室里外班的同学一样也有枣吃，这不仅可以体现本班的人性化管理风格，也可以培养学生的博爱情怀。"

我原本计划让学生回宿舍边吃边思考一个问题，但是我最终没有说出，因为这时候我不想让他们有太多的心理压力，担心他们认为吃个枣还像赴鸿门宴一样。也正因为如此，才收到了意想不到的效果。有几个寝室长非常感动，尤其是一个女生眼圈都红了，临走时专门留下来对我说："谢谢老师，这是我第一次听说班里的学生还有'福利'呢，谢谢您！"我心里暗自得意：他们还不知道我的葫芦里卖的是什么呢。我心里想，我不会让你们白吃的，还有后话呢。

第二天是星期一，按照学校的惯例，有一节班会课。上课后，我问学生："同学们，昨天晚上的作业你们完成了吗？"大部分学生都笑了，我理解那意思，肯定是吃到了枣（其实，确切地讲是尝到了，因为每个人只有两颗而已），只有极个别的同学也许是怕我设圈套，哼哼唧唧地在说着什么。为了让他们统一口径，好实施我的下一步计划，我调侃了一句："好吧，没完成作业也就是没有吃到枣的同学写一篇作文，吃到枣的同学思考一个问题。没吃到枣的同学请举手。"结果可想而知，他们异口同声地说："吃过了！"

我调侃说："我想同学们都不会也不能白吃，对吗？"同学们先是一怔，立即就变得有点严肃了，转而又开始皱眉凝神，我觉得时机已经成熟，便说："请同学们结合大屏幕所显示内容思考一个问题，我通过枣对你们表达了哪些期望？"

随即我用投影仪在大屏幕上放了一段经过我精心整理的话。

> 枣树为中国居民宅旁常见的树种。木硬，可制器具，可为木刻雕版。果可食用，可"补中益气，久服神仙"（《本草经》）。枣树生果极早，幼树可结果，北方民谚有"桃三杏四梨五年，枣树当年即出钱"，言其结果之速。"枣"的谐音是"早"，鲁迅先生曾以此为座右铭。另外，枣还有幸运、吉祥、喜庆之意。

> 寂静、沉思，前所未有的专注……
> 踊跃、发言，空前高涨的激情……
> 也许只有到此时，同学们才明白我的葫芦里面装的"药"。[1]

在引起学生的思考后，赵老师又发表了一番早已准备好的有关枣树寓意的长篇发言，可以想象的是，学生的注意力会高度集中，教育效果一定令人难忘。

---

[1] 赵芳丽. 两棵红枣，一节班会 [J]. 班主任之友：中学版，2008 (12)：35 – 36.

在这个案例中，"鸟笼"就是教师送出的红枣。教师送学生红枣肯定是有目的的，学生也会自然而然地进行猜测，鸟笼是为了引出那只鸟的，而当那只"鸟"出现的时候，学生丝毫不觉得突兀，而会觉得是理所当然的。

空鸟笼理论有着广泛的运用，对空鸟笼的不同理解，也会导致各种有意思的教育策划的产生。

一位班主任要在班级选拔参加学校演讲比赛的学生名单，只有一个名额，他打算采取让学生自由报名的方式。但是一开始无人响应。于是教师抛出一个空"鸟笼"——在班级里拍卖 10 个演讲比赛名额，先报名先得，报完为止。在班主任的动员下，报名的学生很快就超过 10 名。10个名额送出去之后，教师给他们一定的时间准备，然后在班级里进行预赛，选出第一名代表班级参加全校比赛。由于这个出乎预料的"鸟笼"的出现，学生被带进了演讲比赛的准备，进而对演讲比赛这只"鸟"产生了兴趣。结果全班掀起了一股演讲热，许多学生都后悔没有报名。最终，脱颖而出的那名学生在全校比赛中也拿到了很好的名次。

阿基米德说，给他一个支点，他就能撬起地球。有人说，教育是一个杠杆，有些人轻松，有些人笨拙，区别就在于是否找准了支点。空"鸟笼"恰似一个杠杆，创设合适的"鸟笼"，我们便可吸引到有价值的"鸟儿"。这正如用一点点的力气，便能推动惯性巨大的物体前行，其间的奥妙，是需要仔细琢磨、体会的。

【要诀】

 ＊ 将一项即将布置给学生的任务进行包装，选择一种有趣的形式。这个形式就是"鸟笼"，先抛出这个"空鸟笼"，以引起学生的兴趣。

　　＊ 等到学生接受了"鸟笼"，自然开始关注"鸟笼"当中的内容，于是成功推销出那只"鸟"。

　　＊ 不同的"鸟笼"可以装不同的"鸟"，每一个"鸟"都能够找到一个适合它的"鸟笼"。

第29计：寻名记

那些曾经以为念念不忘的事情就在我们念念不忘的过程里，被我们遗忘了。

——郭敬明

"寻名记"指的是教师将学生的姓名作为一个教育资源，进行发掘利用，从而产生教育推力。

英国管理学大师查尔斯·汉迪在给自己的新书签售时，总是很慈祥地看着读者，确认读者的名字，并且问道，这是您本人吗？这一做法总是给读者十分温暖的感觉，让读者久久回味。

美国成功学大师卡内基认为，记住一个人的名字，并且很流畅地叫出来，便是对此人最大的关注和恭维。

管理学大师对姓名的重视是有心理学基础的。

如果我一目十行地翻看一本书，可能这本书写什么内容，很难去掌握，但是如果某一页的文字中有自己的名字，我只需看一眼，就能准确地找出来。

我的身边两个人在谈话，声音很小，具体在说什么，听不清，但是如果他们提到我的名字，即便当时我在做别的事，我也会突然警觉，走过去问他们刚才在说什么。

学生也是一样，如果一个新教师在很短的时间之内就能把学生的名字记住，并且自然地叫出来，学生就会觉得分外亲切，这样便在无形中拉近了师生之间的距离。而当一名学生被不在这个班级任课的教师（尤其是学校领导）随口叫出姓名的时候，那简直就是一种惊喜了。

姓名对每一个学生来说有这么大的心理作用，不好好利用简直就是浪费。

巧借姓名做"文章"

姓名外人看来或许没有什么深刻含义和利用价值，但在我这个语文老师兼班主任的眼里，姓名却可以是教育学生的切入点，激励学生的助推器。在平日的教学中，我会有意无意地在学生姓名上做"文章"。

第一篇：三朵梅花

课堂上，师生正在学习王安石那首脍炙人口的五言绝句《梅花》："墙角数枝梅，凌寒独自开。遥知不是雪，为有暗香来。"读到此处，忽然想到班内有三位叫"梅"的女生，不禁脱口而出："我们班有三朵梅花。"学生们会心地笑了，大声喊出："孙春梅，王晓梅，赵爱梅。""对。"我接着说，"愿春梅、晓梅、爱梅像梅花一样，不畏严寒，傲然开放，散发香气，装点人间。"她们三个相视而笑。后来校园里经常见到她们三人一起出入的身影，她们成了形影不离的好朋友，学习上展开了合作和竞争。

第二篇：刘氏兄弟

班里仅有两位刘姓学生——刘启军和刘锦程。但他二人却有较大差别，刘启军头脑灵活，基础扎实，成绩优秀；而刘锦程在学习方面存在一定的困难。有一次，我特意把他俩叫到办公室，说："你们两个都姓刘，又在一个班级，是一种兄弟缘分吧。现在锦程学习有些落后，启军你可不能坐视不管啊。"我又对刘锦程说："锦程，好好向你这位兄弟学习。"他重重地点了一下头。

一个学期后，刘锦程进步很大，刘启军也有提高，因为他要辅导别人，自己首先要把知识弄明白，所以比以前学得更认真、更扎实。刘氏兄弟互帮互助，实现了双赢。

第三篇：攀龙附凤

在讲到名人的时候，我故意把班内一些同姓的学生拉出来，攀一攀亲。譬如，讲到李白时，我就对李姓学生说："你们老李家可是出了不少能人啊！"他们就七嘴八舌，如数家珍："李耳、李渊、李世民、李隆基、李白、李贺、李商隐、李煜、李清照、李自成……"有的甚至还能讲几则名人逸事。我说："咱们是不是有点攀龙附凤的味道？既然古人默许咱们攀，咱们可不能给他们脸上抹黑，好好学习，争取成为名人，将来让人家也攀你一把。"从此，他们学习更努力了，生活中也更注意自己的言行举止了。

第四篇：一字之差

那天讲徐志摩的《再别康桥》，我对班内一个叫徐志德的学生说："一字之差，你就成徐志摩了。希望你将来能成为第二个徐志摩。"谁知后来他竟把《再别康桥》背得滚瓜烂熟，并参加了学校组织的诗歌朗诵比赛，获得第一名。他还把徐志摩的其他诗文搜集来读背，时常模仿徐志摩的笔法写几首诗，发表在校刊《远航》上，这下全校学生都知道我班有一个小"徐志摩"了。徐志德获得了巨大的成功体验，并以此为动力，愈加勤奋和积极。

其实姓名本身并没有隐藏什么特殊的秘密，关键是教师要善于开发和利用，善于运用"激励"这把金钥匙去开启学生的心灵，调动学生的能动性，从而达到教育的目的。①

同这位徐老师一样，我也曾经利用姓名做过一名学生的思想工作，这个学生的名字叫袁方，性格正直，却容易冲动。我从他的姓名出发，

---

①徐汶辉，巧借姓名做"文章"[J]. 班主任，2006（8）：12.

跟他探讨父母给他起此名的希冀以及外圆内方的道理，对他的触动非常大。我的期望通过姓名的解读转化为他的自身追求。

一位老教师深受学生喜爱，学生毕业之后大都回来看她。神奇的是，对每一个曾经的学生，老教师都能准确地叫出他们的名字，哪怕时光已经过了 50 年。

还有一所学校的校长，虽然不上课，但是总是寻找一切可能接触学生。在担任校长几年的时间中，她几乎能叫出全校近一千名学生中绝大多数人的姓名，并说出他的一些轶事。仅凭这一点，我就可以断言，这一定是一位深受学生喜欢的校长。

学生的姓名中蕴涵着巨大的魔力，而长久以来却被我们忽视。精明的商家嗅觉很灵敏，早就开发了姓名藏头诗、签名设计等产品，很受市场欢迎。和他们相比，教育者还是显得太迟钝啊！

【要诀】

＊ 教师可以在班级里组织举办一个有关自己姓名的主题活动，让每一个学生事先回去询问父母给自己起名的经过和自己的姓名寄托的含义，然后在主题活动中向全班作介绍。

＊ 巧妙地把学生的姓名和一些其他有意义、有价值的事物或者名人联系起来，以给学生长久的心理暗示。

＊ 尽快记住自己班级的每一名学生的姓名，而且能够准确、流畅地读写出来。

＊ 尽量记住一些非自己任教班级的学生姓名，在和他们接触时随口叫出来，一定会产生奇效。

第 30 计：心愿树

一支拉普兰歌曲的诗句，直到如今也不能遗忘："孩子的愿望是风的愿望，青春的思想是悠长的思想。"

——朗费罗

心愿，是指一个人内心的愿望，而愈是不容易实现的愿望就愈显得珍贵。

每一名孩子都会有心愿，让他把心愿写出来，挂在树上，这是一些学校的做法。例如，宁波某小学在教师节前夕，就倡议全校学生不要给老师送贺卡和礼物，而是自制心愿卡，挂在学校门口的雪松上。这种心愿树的教育方式，简单易行，效果明显。

武汉一所学校则实施了"心愿奖励制度"。学生在开学初将自己的心愿写在卡片上，一学期下来，如果心愿实现了，学校会颁发奖励证书。一个小学四年级学生实现了"坚持一个月天天给父母倒茶"的心愿，学校经核实确认后，马上兑现了奖励的诺言。

但也有一些学生的心愿是深埋在心底的，轻易不会告诉任何人。这种心愿，要么太特殊，要么就是实现起来难度过大，因此，一般不会轻易提出来。也正因为此，如果这样的心愿能够实现，学生会产生极大的满足感。

奖给我一个拥抱

期中考试之前，我特地宣布：期中考试进步最大的三名男生和三名女生，可以提出自己的愿望，只要合情合理，老师一定会满足！

成绩揭晓后的班会上，我首先让前三名男生提出要求，他们异口同声："到老师家借书看！"好小子，看来早就商量好了。弟子喜欢看书，我求之不得，满口答应："可以，不过那可是老师的心肝宝贝，一定要爱惜。"

"三位女同学呢？你们要求的奖品是什么？"这次考试有两位女生的成绩在我意料之中，但有一名叫牟倩楠的女生出乎所有任课教师的意料——这个性格内向、不善言语、学习一般的普通女孩，竟然在女生中考了第三名，在班内排第七名。另两个女生商量了一下，说："老师，我们也要到你家借书看。"我赞许说："好！只要你们爱看书，老师一定满足你们的要求。"

"牟倩楠同学，你这次考试进步最大，不光惊动了所有任课教师，而且连校长也知道了你的大名。首先请全体同学为你鼓掌祝贺！"

掌声中，牟倩楠噙着的眼泪似滴非滴，是高兴还是激动？等掌声停落后，我说："牟倩楠，请大声说出你心中的奖品！"

此刻的牟倩楠，却低下头，不停地玩弄着手中的钢笔，不管我和全班同学如何劝说，就是不吭声。

这样的女孩，平常上课我就拿她没办法，但这次无论如何我得让她说出愿望。我轻轻地走到她面前，小声说："如果不好意思，可以悄悄地对老师说。"

谁知，此时的牟倩楠，却一改平日和刚才的腼腆和羞涩，鼓足了勇气大声说："老师，请奖给我一个拥抱吧！"

说完，她双手捧脸轻轻地哭泣起来。

我脑子一片空白，作为一名男教师，我不知该如何发放这个"奖品"。

学生们面带惊愕，把所有的目光投向了我，他们在看老师如何实现自己的诺言。

我很快平静下来，"还有别的奖品可以代替吗？"我可不想在这个问题上出现什么纰漏。

牟倩楠却在哭泣中再次明申："我只要老师的拥抱！"

"同学们，牟倩楠同学的要求……"我把求援的希望寄托在全班学生身上。

"合理！"

学生似乎更了解内情，异口同声的回答把我推到了尴尬的境地。

为了满足一个学生的"非分要求"，我，第一次轻轻地拥抱了一下一个只有十四五岁的女孩……

第二天，我收到了牟倩楠的信。

> 我从小就失去了父亲，对父亲的印象也就停留在他每次出差回来对我的拥抱和抚爱上。我每天都在想念父亲，想念父亲在时的欢乐童年和愉快岁月，我知道这一切都不会再成为现实了。直到有一天老师登上讲台，我忽然发现，您的音容笑貌和想象中的父亲那么相似，于是渴望被父亲拥抱的心一次又一次膨胀。为了得到您的注意，学习成绩平常的我，每时每刻都在努力。最后，我终于得到了这一不平常的奖品，终于又找到了被父亲拥抱的感觉。感谢老师给我父亲般的拥抱和爱！①

一位男老师去拥抱一个豆蔻年华的女学生，听上去怎么也不是一件值得鼓励的事。但是在这个案例中，它却显得那么纯洁、珍贵而极富教育意义。因为，它是来自学生的请求，是幼年丧父学生长久以来的一个

---

①张森. 奖给我一个拥抱［J］. 班主任之友：中学版, 2006（12）：46.

心愿，不要说教师在此过程中没有付出什么，即便需要付出，也是值得的。

将满足心愿作为对学生的一个奖励，是符合震撼教育思想的一种思路。学生表现优异，教师或家长颁发奖励，这听上去天经地义。但很多时候，错位就是这样造成的——学生希望得到的教师不奖励，教师奖励的学生不在乎。而我们如果能够有勇气在学生成功之后给他自主选择奖品的自由，那么，这无疑是一种最大的奖励。

当然，要相信我们的学生，他们一定不会提出非分的要求。

【要诀】

* 在班级中开展写心愿卡的活动。在每学期的开学之初，让学生写上这学期的心愿，如果实现了，就给予约定的奖励。

* 对学生提出较高的任务要求，如果学生做到了，可以给予他满足一个心愿的奖励。这种奖励应该是对学生的最高奖励，要设置严格的标准，不要让学生轻易得到这种奖励，但是，一旦承诺就坚决兑现。

* 利用价值观的渗透提高学生的心愿水准，引导学生树立宏大的人生志向。

第31计：点金指

教育中应该尽量鼓励个人发展的过程。应该引导儿童自己进行探讨，自己去推论。给他们讲的应该尽量少些，而引导他们去发现的应该尽量多些。

——斯宾塞

"点金指"就是教师在平凡的故事中挖掘深刻的内涵，并且在适当的时候通过适当的方式向学生呈现。故事本身可能很普通，但教师的解读却能化腐朽为神奇。

有一个古老的故事，说一位神仙能够点石成金，他到一个村子里去，村子里的人都抢着让他把家里的大石头变成黄金，只有一位年轻人不为所动。神仙问他："你想要让我变哪块石头？"年轻人说："我想要你那根手指头。"

有人把这个故事解读为年轻人贪财，然而我认为这个年轻人具有智慧的头脑。他知道真正有价值的不是石头，也不是黄金，而是那根手指头。

生活中每天发生大量的事，许多事情我们都熟视无睹，但是高明的教师却能够点石成金。

把杯子放下

在一次关于生活艺术的演讲中，教授拿起一个装着水的杯子，问在座的听众："猜猜看，这个杯子有多重？"

"50克""100克""125克"……大家纷纷回答。

"我也不知有多重，但可以肯定人拿着它一点不会觉得累。"教授说，"现在，我的问题是：如果我这样拿着几分钟，结果会怎样？"

"不会有什么。"大家回答。

"那好。如果像这样拿着，持续一个小时。那又会怎样？"教授再次发问。

"胳膊会有点酸痛。"一名听众回答。

"说得对。如果我这样拿着一整天呢？"

"那胳膊肯定变得麻木，说不定肌肉会痉挛，到时免不了要到医院跑一趟。"另外一名听众大胆说道。

"很好。在我手拿杯子期间，不论时间长短，杯子的重量会发生变化吗？"

"没有。"

"那么拿杯子的胳膊为什么会酸痛呢？肌肉为什么可能痉挛呢？"教授顿了顿又问道，"我不想让胳膊发酸、肌肉痉挛，那该怎么做？"

"很简单呀。您应该把杯子放下。"一名听众回答。

"正是。"教授说道，"其实，生活中的问题有时就像我手里的杯子，我们埋在心里几分钟没有关系。如果长时间地想着它不放，它就可能侵蚀你的心力。日积月累，你的精神可能会濒于崩溃。那时你就什么事也干不了了。"

"生活中的问题固然要重视它，不能忽视，但不能老是拿在手上。不要总惦记着它，要适时地放手，让自己放松放松。不然，不知不觉间它会把你压垮。"

"朋友，拿起杯子的时候，要记得把它放下啊。"①

---

①帕微恩·阿罗拉. 把杯子放下［N］. 环球时报，2005－10－26.

杯子举久了胳膊会累，这是人人皆知的道理。引申为心情久久不能释怀会产生疾病，这就是点石成金的功夫了。通过浅显的生活常识把深刻的道理讲得简单易懂又让人难忘，这是一名成功教师必备的本领之一。

许多教师不明白讲道理的奥妙之处。他们觉得，只要讲的内容是正确的，学生就一定会接受。殊不知，学生将这类空讲的道理称之为"大道理"，而大道理，通常都是冰冷的、遥远的，与生活实际不相干的。

给这些大道理穿上一件故事的外衣，让它变得生动、鲜活起来，通过故事的讲述，再略加点拨，学生便能够自己感悟其中的深意和教师的用心。这种自身的感悟和教师的灌输又怎能同日而语！

给自己一个站立的弧度

小伟是个性格特别内向的男孩，很少言语，从不惹是生非，但成绩却是班上的佼佼者。在众多教师眼中，小伟是个温顺听话的孩子，甚至有的任课老师教他快一年了，还从未和他谈过学习以外的话题。

可是，有一天，我却看见小伟成了一头暴戾的狮子，攥着拳头，喘着粗气，全身颤抖，怒视着数学老师，似有一口将老师吞下的架势。我想他已经失去了理智，便用低沉却不乏威严的语气命令："小伟，请你来我的办公室！"掷地有声，不容抗拒。小伟慢慢地挪动了双脚，才让我紧绷的弦松弛了下来。

我认真倾听了小伟愤怒的申诉，规劝他先平静下来听我说说话，再和我交换看法。可他听不进去，大喊："大不了，我不读书了！我不会原谅他的，我要……"

我随手拿起一张纸，递给小伟说："你能将这张薄纸在桌面上竖起来吗？"小伟尝试了几次，都没有成功。我将纸卷成筒状在手上把玩，然后将纸展开，这时纸形成一个不易消除的极小的弧度，再将纸往桌子上竖放，很轻易地放稳了。我要小伟总结一下，纸为什么能够立起来。显然，纸能够竖起来的原因，就是因为它具备了一个小小的弧度。

我语重心长地说："弧度的存在拓展了纸的支撑面，扩大了它的平衡点，让纸张的竖立成为可能。小伟，我们做人又何尝不是如此呢？性情执拗、不折不弯的人，再怎么有才气，再怎么有能耐，在人生旅途上遇到的挫折和失败常常会更多一些；相反，一个能屈能伸、能进能退的人，在其他方面可能是平庸的，但很多场合他却如鱼得水，收放自如，游刃有余。他的人生优势，正是恰到好处地给自己的生命提供了一个可以立起来的弧度。"

小伟听了我的话，显得有些羞愧。末了，他动情地说："谢谢您，向老师，我错了，我会真诚地向数学老师道歉，给我自己一个站立的弧度！"①

一张纸，竟然蕴涵着如此深刻的人生哲理，这一定也是教师多年感悟的结果。试想一下，在学生冲动暴怒的时候，如果以势压人，强行让他冷静，会付出多少艰辛？又会有多少成果？在有思想的教师那里，一张薄纸，轻轻一点，便成为打开学生心结的金钥匙。

生活中这样的故事很多，教师要善于收集，善于整理，更要善于运用，善于创造。

【要诀】

* 尽可能多地在平时的工作、学习、生活中收集类似的小故事。
* 思考收集到的小故事背后蕴涵的道理。

---

①向长征. 给自己一个站立的弧度 [J]. 教育科学论坛，2006 (12)：36.

＊进一步思考这些小故事的用途，即在何等情境下可以让它们发挥作用。

＊按照用途将这些小故事分类整理。

＊经常温习这些小故事。

＊在需要的时候准确地取出相应的小故事，完成对学生的启发和教育。

＊更多地从自己的经历中思考人生哲理，自己创作类似的小故事。

第32计：他山石

他山之石，可以为错。

——《诗经·小雅·鹤鸣》

个人的力量总是渺小的，"他山石"就是要让外在的一切可能因素为我所用，以产生积极的教育效果。

两名学生因为要挤出教室门而互不相让，以致相互谩骂，最后竟然扭打在一起。事情闹到班主任那里，班主任应该怎么处理？

一位班主任选择了说理。

"有一次，一个歌舞厅发生火灾，死了几十个人。当火苗蹿起之后，大家惊恐万分，一起拥向狭窄的安全出口。结果造成堵塞，逃离火灾现场的人极少。你们听说过这件事吗？"因为事情刚刚发生过，学生频频点头。

"如果我们经历这样的场景，如何使得逃生的人更加多一些呢？"教师发问。学生回答说："如果那些人一个一个排队出去，也许跑出去的人会更多一些。"

学生回答完，突然明白了教师问话的目的，不好意思地低下头去。

另一位班主任选择了给全班学生播放视频。

这是一段网络上的新闻报道。某地一所寄宿制学校的学生晚自修结束之后下楼梯时，发生严重的踩踏事件，十几名学生死亡。记者的采访揭示了惨剧发生的原因：几名走在前面的学生在楼梯口跟后面的学生打闹，拦着路口，不许其他人前行，最终导致后面不知情的学生往前拥挤发生惨剧。

放完视频后，全班一片寂静。教师一句话不说，拿起电脑便回办公室。两名犯错的学生主动跟着教师去认错。

应该说，两位班主任的处理手段都非常高明。其高明之处就在于不是就事论事，而是通过学生熟知的刚刚发生不久的例子来说明其错误的危害，效果极好，而且"保质期"长，相信相当长的一段时间之内学生都不会再犯。

俗语说，外来的和尚好念经。校园内外，能够念经的和尚很多，就看教师是不是善于发现了。

偶然的发现　意外的收获

前些日子，学校附近的宣传栏里张贴了市里各级劳模的照片和事迹简介，我怀着敬佩的心情驻足观看，从全国到省市各级劳模，都是各行各业的领军人物，在各自的岗位上做出了不凡的业绩。而且我还惊喜地发现，其中有两位劳模是我们班的学生家长！一位是晓翔的爸爸，是优秀的农村党支部书记；另一位是晓睿的妈妈，她领导的制衣厂年上缴利税近千万元。一缕灵光在我脑海中闪过：这不是最好的榜样吗？做家长的可能羞于自夸，但是如果从老师的口中说出来，对孩子的激励效果肯定不一般！

于是，在第二天的晨会上，我热情洋溢地说："告诉大家一个好消息，昨天老师在外面的宣传栏里发现，我们班晓翔的爸爸和晓睿的妈妈都是青岛市劳动模范，非常光荣！下面请这两位同学来介绍他们父母的事迹。"

学生们充满赞赏和羡慕的目光一下集中在这两位同学身上，这突如其来的惊喜使他俩有些慌乱，继而激动得小脸通红，两眼放光。两个小家伙介绍了各自家长的事迹，自豪之情溢于言表。我趁热打铁，说："你们俩有这么优秀的家长，是我们胶州市的骄傲。父母能有今天的荣誉，都是靠自己的辛勤劳动和努力拼搏得来的。老师希望你们两个以他们为榜样，努力学习，将来还要超越他们，争取更大的成就！"教室里顿时响起热烈的掌声。此时，两个小家伙坐得笔直，精神抖擞，接下来的语文课，他俩读得特别响亮，听得特别专心……

接下来的几天，两个孩子似乎一直受这件事的激励，表现出前所未有的学习热情。我紧紧抓住这难得的契机，不时地暗示他们：继续努力，家长看到你们的进步，会比他们评上劳模还高兴。

一段时间以后，晓翔慢慢改掉了上课走神的坏毛病，能专心听完一节课了；晓睿也改掉了书写磨蹭的缺点，作业能按时交上来了。家长陆续打电话感谢我，晓翔的妈妈喜滋滋地告诉我，儿子跟他爸爸说，长大了要超过爸爸当全国劳模，把他爸爸乐得逢人就夸，真比自己评上劳模还高兴！①

这位刘老师是一位有心的教师，很善于借用他山之石来教育学生。

家长和社区都是很好的教育资源。有的班主任很善于请家长来学校给全班学生或家长作报告；有的班主任很善于请毕业生校友来到班级，以过来人的身份跟学生沟通交流成长心得；有的班主任会把学生带到社区里，去结对的敬老院做志愿者，或者到共建的部队参观。以上这些做法都是善用他山之石的举措。

【要诀】

* 要学会用身边或者熟知的例子来教育学生。

* 要很好地利用家长资源，让优秀的家长来校给学生作报告，或者让这些优秀家长的子女介绍父母奋斗的经历。

* 在家长会上尝试让优秀孩子的家长介绍家庭教育经验。

* 可邀请毕业生校友来校跟学生交流互动。

---

①刘淑贞. 偶然的发现，意外的收获 [J]. 班主任之友：中学版，2006（9）：50-51.

第 33 计：雪中炭

朋友这种关系，美在锦上添花，贵在雪中送炭。

——三 毛

教育需要锦上添花，也需要雪中送炭。相对来说，雪中送炭边际效益更高，也更为当事人珍惜。

一名有经验的教师，会敏锐地感知到学生的需求，会在学生最需要帮助的时候伸出援助之手，帮其一把，而教师的帮助也会让处于困境中的学生没齿难忘。

我曾经教过一个班级，男生们有一个小团体，其核心是一名年长其他学生两岁的大男孩，他相对很成熟，对教师也一直有戒心。我一直寻找机会接近他，但总能感觉到他的警觉与提防。直到有一次，他生病住院，需要做一个小手术，我发动了全班学生，在纸上写上祝福的话，然后折成纸鹤、纸星星等形状。带着这些礼物，我领着班委和学生代表去医院看他。在病床前，我真诚地向他表达师生的思念之情，并且嘱托他安心养病，落下的课回校后老师们会帮他补上。那一刻，男孩看我的眼神里充满了从来没有过的温柔，泪珠在他的眼睛里打转。我的一次普通的探望对他来说如同雪中送炭，让他备感温暖。

另一位教师的机智则更为感人。

打翻的鱼缸

三年级的教室里，同学们正在紧张地进行期中测验，监考老师也静静地守在这里。教室最后一排有一个男孩的脸一阵红一阵白的，并不是因为试题太难，而是他太想上厕所。但是，腼腆的他想等考试结束后再冲向洗手间。可是漫长的考试一直没有结束，小男孩忍得满头大汗。忽然，最尴尬的事发生了，他尿裤子了。小男孩羞愧得不知所措，他想："这下完了，如果同学们发现，我会被笑死的，再也不会有人愿意和我一起玩了，怎么办啊？"小男孩的眼中充满了泪水。幸好同学们都在埋头苦干，没有人发现他的异常。

只有细心的老师发现了小男孩的焦灼不安。他轻轻地走到小男孩身边，立刻就明白了一切。随后，老师不动声色地来到窗边，端着窗台上的金鱼缸走过来，经过小男孩身边时，他"一不小心"打翻了鱼缸，水溅得小男孩满身都是。这突如其来的事故惊扰了其他同学，大家都回过头来看着老师和小男孩。老师连忙向男孩道歉，并示意其他同学继续考试。接着，他领着小男孩，来到自己的办公室，擦干男孩身上的水，并给他一条干净的裤子换上。

小男孩回到教室的时候，穿着一条极不合身的裤子，皮带都系在了胸口上，看上去滑稽极了，但是没有一个同学嘲笑他，而是对他报以友善和同情的眼神。男孩心里充满了对老师的感激。

考试结束了，同学们陆续离开了教室，小男孩最后一个走到老师身边，他怯生生地对老师说："谢谢您，老师。"

老师拍拍男孩的头，微笑着说："不要紧，我小时候也弄湿过裤子。"①

这个故事流传甚广。教师以一种宽广、博爱的胸怀，维护了一名学生的尊严。更重要的是，他所做的一切是那么自然，以至于除了他们俩之外，其他人都不知道真正发生了什么。

①王豪. 打翻的鱼缸［J］. 课堂内外：高中版，2006（12）：53.

所以，我们说，爱是需要智慧的。教育者要爱学生，更要会爱学生。这种爱的智慧来源于细致入微的观察能力，来源于世事洞明的判断能力，来源于临场机变的决策能力。试想，如果教师没有观察到学生的细微变化，没有揣摩到学生的内心活动，没有想出故意打翻鱼缸的巧妙方法，这一问题就不会解决得那么完美。

好的教育就是在正确的时候做正确的事情。在教师时间、精力都很紧张的前提下，多做一些雪中送炭的事，做好一些雪中送炭的事，应当成为我们的追求。

【要诀】

* 多观察了解学生，对每一名学生的情况做到心中有数。
* 在学生依靠自身力量无法走出困境的时候，要伸出援助之手。
* 要关心班级的弱势群体。
* 要关心那些性格内向不善于表达内心感受的学生。
* 要关心两类人：孤单的学生，生病的学生。

第34计：送船风

真正的朋友，在你获得成功的时候，为你高兴，而不捧场。在你遇到不
幸或悲伤的时候，会给你及时的支持。

——高尔基

如果把孩子比喻成一艘船，那么有一些船原本就在高速行驶，自身
也是充满动力的，因此它永远不会停下来。有些船初始停滞，自己也有
启动的意愿，可是如果没有外力，它自身的努力还不足以克服惯性，需
要教师助其一臂之力。我们这时采用的教育方法称为"送船风"。

前进的动力

晓阳是学校里出了名的"坏孩子"。老师总是批评他："你看你这个
样子，将来是肯定没有出息的！"每当这时，晓阳就装出不在乎的样子，
把头仰向天花板，并不时地扭扭脖子，以表现对老师批评的不以为然。
幸运的是，晓阳遇到了一个好校长。一次，这位校长看见了晓阳，就说：
"你是晓阳小朋友吧。"

晓阳奇怪了：连校长都知道我的名字，看来我在学校里是坏得出
名了。

校长仿佛看透了他的心思，说："晓阳，你的名气可不小啊，我一直
记着你呢！"

晓阳快要哭了，心想自己真的是坏到不可救药的地步了。哪知这时
校长又说："晓阳啊，我一直想向你请教一个问题，你要如实回答校长好

不好?"

晓阳被校长说愣了：校长向我请教问题？有没有搞错？

校长说："去年的全校运动会上，500米比赛你得了全校第一名，我这个老头子羡慕得不得了。我像你这么大的时候，可没你跑得快啊，你是不是有什么奥秘呀？"

晓阳不好意思地抓抓头，心里却乐开了花。他想：原来校长还记得我去年跑第一的事啊。他禁不住流出了眼泪。

校长又说："你先把你的秘密留着，过几天我让你在全体同学面前讲，让他们也和你一样跑得快，你愿不愿意？"

"好啊!"晓阳快乐地叫出了声。

后来，在一次晨会上，校长对同学们说："再过几天我们又要召开全校运动会了。在这里，我们请晓阳同学来讲一讲他跑得快的秘密，好不好？"

在大家浪潮一样的掌声中，晓阳第一次走向了主席台。他的心里激动得像有千军万马在奔腾。他看到了校长鼓励的眼神，就说："我的秘密很简单，就是在跑前5分钟，我给自己讲一个恐怖故事，说在大森林里有一只吃人的妖怪，张着血盆大口，一路疯跑着要吃人，我想象着这只妖怪就跟在我身后，于是我就拼命地跑……"

晓阳讲完了，底下一片静默。他慌了，他不知道自己是不是讲错了。就在这时候，台下突然爆发出一阵掌声，那掌声势不可挡，一下子就把他围住了。

从那以后，晓阳就像变了一个人，他变得快乐、健康、自信，后来又考上了南方的一所著名大学。

泰戈尔曾经说过："不是锤的敲打，而是水的载歌载舞，使粗糙的石块变成了美丽的鹅卵石。"真正的教育是水的载歌载舞，轻柔、舒适而又不露痕迹，它存在于人与人心灵距离最短的时刻，存在于无言的感动之中；真正的教育是水样无痕的，这种不露痕迹的感动与激励，才是教育的最高境界，也是孩子前进时不竭的动力。①

在小说《最后一片叶子》中，患肺炎的穷学生琼西看着窗外对面墙上的常春藤叶子不断被风吹落，她说，最后一片叶子代表她，它的飘落，代表自己的死亡。而贝尔曼，一个伟大的画家，在听完苏讲述完室友琼西的故事后，在最后一片叶子飘落、下着暴雨的夜里，画出了一片"永不凋落"的常春藤叶，编造了一个善良且真实的谎言。琼西燃起了生的希望，贝尔曼却因此患上肺炎，去世了。

"送船风"是及时之风，更重要的，它能在推动船前进的同时，有效地带动船自身的动力，当船驶离风的范围，它也能够独立航行，驶向远方的目标。

【要诀】

 * 对那些缺乏自信、需要鼓励的学生，要悉心呵护，不可让他们再受打击而陷入绝望之地。

 * 天生我材必有用，每一个人身上都有与众不同之处，教师要善于从学生身上挖掘让学生获得自信、得到激励的因素。

---

①唐建芬. 前进的动力 [J]. 班主任之友：中学版，2006（6）：47.

第35计：滴石水

一日一钱，十日十钱。绳锯木断，水滴石穿。

——班　固

当研究那些成功人士背后的故事后，我们会发现，并没有什么诀窍，成功和失败往往就在一步之间，成功者选择了坚持，失败者选择了放弃。

一个人做一件好事不难，难的是做一辈子好事。当所有人都放弃的时候，剩下的坚持就显得难能可贵，因而尤其让人感动。这就是"滴石水"的教育方法。

坚持就能成功

一位著名的推销大师，他在城中最大的体育馆，做告别职业生涯的演说。

那天，会场座无虚席，人们在急切地等待着这位伟大推销员的精彩演讲。大幕徐徐拉开，舞台的正中央吊着一个巨大的铁球。

主持人对观众说："请两位身体强壮的人到台上来。"转眼间已有两名动作快的年轻人跑到台上。

推销大师这时开口了："请你们用这个大铁锤，去敲打那个吊着的铁球，直到把它荡起来。"

一个年轻人先拿起铁锤，拉开架势，抢起大锤，全力向那吊着的铁球砸去。但一声震耳的响声后，那吊球却纹丝不动。他接着用大铁锤不断砸向吊球，铁球还是不动。很快他就气喘吁吁了。另一个人也不示弱，接过大铁锤把吊球打得叮当响，可是铁球仍旧一动不动。

这时，老人从上衣口袋里掏出一个小锤，对着铁球"咚"敲了一下，停顿一下，再用小锤"咚"敲了一下。人们奇怪地看着，老人就这样自顾自地不断敲下去。10 分钟过去了，20 分钟过去了，会场早已开始骚动，有的人干脆叫骂起来，人们用各种声音和动作发泄着不满。

老人却不闻不问，只管一小锤一小锤不停地工作着，大概在老人进行到 40 分钟的时候，坐在前面的一个妇女突然尖叫一声："球动了！"接着，吊球在老人一锤一锤的敲打中越荡越高，它拉动着那个铁架子"咣咣"作响，它的巨大威力强烈地震撼着在场的每一个人。

老人开口讲话了。他的告别演讲只有一句话："在人生的道路上，如果你没有耐心去等待成功的到来，那么，你只好用一生的耐心去面对失败。"①

那些成功的教师，很少有惊天动地的事迹，大多是默默无闻地坚持。你去山区的希望学校支教一个星期让人敬赏，支教一个月让人尊敬，支教一年让人敬仰，如果支教一辈子呢？任何人把一件普通的事情坚持做好一辈子，就是了不起的成就。

一位年轻的教师坚持每天给学生朗读，并且，他鼓励孩子向他推荐好的故事，如果老师觉得好，就向全班朗读。就是这样一件小事，对学生的读书热情产生了巨大的促进作用。可以想象的是，一年之后，这位教师的学生和其他班级的学生在阅读能力和阅读兴趣方面会产生多大的差距！

另一位教师坚持给学生发言的机会和权利，任何时候，只要学生举手，哪怕他讲到正精彩之处，也会停下来，让学生先说。对学生的发言，

①坚持就能成功 [J]. 农家致富，2007（4）：1.

他总是挖掘其有价值的部分而大加赞赏，于是，愿意举手发言的学生越来越多。一个学期之后，他的课堂变得活跃无比。

稻草虽轻，但是一根根往骆驼身上放，总有一根最后能压倒骆驼。"滴石水"一开始并不会产生什么力量，但是就如同敲打铁球的小锤一样，随着时间的流逝，那一点点的力量积累起来，将会产生排山倒海的力量。

【要诀】

* 在日常的工作中，坚持做一件小事。例如，每天和一名学生谈话，每天写一篇日记，每天为学生读一个故事，每天在黑板上写一句警言，每天对学生微笑，每天克制自己的一个欲望……
* 通过适当的方式形象地向学生展示坚持的力量。
* 发掘班级里或者校园里坚持的例子，并引导学生以之为榜样。
* 号召全班坚持做一件事情，并带头实践。

第36计：变为上

世界上一成不变的东西，只有"任何事物都是在不断变化的"这条真理。

——斯里兰卡《太阳报》

《三十六计》的最后一计是"走为上"，在敌众我寡的情况下，保存实力是最好的策略。震撼教育的最后一计是"变为上"。兵无常势，水无常形，教无定法。

语文课上，窗外飘起漫天的大雪，教师发现，学生的心早就飘到了室外。于是，教师决定，这节课改为室外作文课，让学生到室外去活动，并且构思一篇关于雪的作文。学生欢呼雀跃。

美术课上，教师正在讲课，突然飞来一只小麻雀，扑闪着翅膀，在教室里飞来飞去，学生叫声连连，课已经无法正常开展下去。教师灵机一动，要求学生以鸟为主题，画一幅画。学生的兴致一下子被调动起来，观察格外认真。

一位父亲接年幼的女儿回家，由于学琴耽误了时间，最后一班公交车已经错过了。乐观的父亲决定和女儿步行回家，在路上，他摘了柳条，为女儿制作了一顶柳条帽。那段路很长，他们走了两个多小时，女儿却一点都不觉得累。多年以后，女儿长大了，回忆父亲陪她学琴的往事，印象最深的就是那晚一起戴着柳条帽步行回家的情景。

人生无时无刻不充满变化，一成不变、因循守旧，只会让我们变得消沉、迟钝，因而，积极地顺应外部世界的改变，并且敏锐地把握住变化的契机，创造有意义的教育情境，是优秀教育者区别于平庸教育者的重要标志之一。

想象就是力量

　　这天上午，弗兰克老师来到九年级的教室上作文课，发现班里有三名同学无故旷课，没人知道他们缺课的原因。

　　下课后，弗兰克老师开始逐一评析学生们的作文，但结果却令他非常恼火。大部分人的作文都不过两三百字，显然都是生搬硬套、东拼西凑的。

　　午饭后，一名上午旷课的学生推开了办公室的门，他恭恭敬敬地递上了一张假条，上面写着："我是拉雯的母亲。很抱歉，他今天上午没能到学校上课。因为我们家昨晚电器短路引发了大火，楼下的房子都烧着了，全家人只好在帐篷里熬了一夜……"

　　不久，另一名旷课的学生也走了进来，交上一张假条："我是佩奇的母亲。昨晚，我们家因经济拮据不能按时交上房租，被狠心的房东赶了出来。全家人最后在公园露宿了一夜……"

　　接着，第三名旷课的学生交上了假条："弗兰克老师，我是道森的父亲。昨天，道森90岁的爷爷不小心从楼梯上摔了下来。我和道森的母亲不能误班，所以在不得已的情况下，只好让道森留在家里照顾年迈的爷爷。对于道森的缺课，我感到非常抱歉……"

　　其实，有十几年教学经验的弗兰克老师早看出了端倪，通常家长写来的假条是言简意赅的，比如"闹钟失灵，彼得迟到了"等。而这些假条的措辞显然很啰唆，因为三个旷课的学生交来的假条完全是他们自己"创作"的。

　　为了让老师信以为真，他们漫无边际地发挥自己的想象力，尽可能把假条的内容写得翔实，把理由编得充分。而最让人称奇的是他们的头脑中迸发出的千奇百怪的缺课理由，简直令人感到不容置疑。

　　这时，弗兰克老师脑海中忽然闪过一个念头，自己何不重新制定有关作文教案，让学生们从擅长的编写假条开始……下一节作文课上，弗兰克老师把打印好的不同内容的"假条"一一分发给同学，让他们为其评判打分。很快就有同学说："哦！这个理由够精彩。老师，请问这是谁写的？"

"这些本该由家长写的假条，都被你们自己代劳了。"弗兰克说，"通过这些假条，我可以看出，你们都有灵活的思维和颇具感染力的语言。今天，我再给大家布置一次作文，题目为——'迟到的借口'。"

教室里先是爆发出一阵笑声，随后，同学们伏在课桌上，开始认真编造各自的"借口"。作文本交上来后，弗兰克老师仔细地看着这些五花八门的"借口"。

"下车时，由于人潮拥挤，A的书包被汽车门夹住了。尽管他不断地向司机呼喊'停车'，但很无奈，他还是眼睁睁地看着汽车带着他的书包驶远了……"

"昨晚大雨，B在回家的路上发现一只浑身湿透的小猫，就把可怜的小猫带回了家。第二天早上，她放在书桌上的作业本不见了，结果竟发现，作业本被小猫拖到了地上，并且已经被撕扯得粉碎……"

"昨夜，喝得醉醺醺的司机驾驶一辆装满货物的大卡车撞进了C的家……"

"D在街边小餐馆里吃了变质的食物，半夜引发急性肠炎，目前仍在医院输点滴……"

此时，弗兰克老师面前的作文，几乎每一篇都是那么充实而生动。

在年度工作成绩总结会上，校长满脸笑容地站到了讲台上。"我手里拿的是九年级语文考试的作文部分的考卷。这些学生的作文水平，简直可以和大学生媲美！"会场一片哗然，校长接着说："弗兰克老师，请你上台来，我要好好拥抱你。感谢你的充满想象又极富激情的教学方法，让孩子们写出这样优美感人的文章。"

弗兰克老师走上了讲台，他微笑着说："我想说的是，学校本该就是一个富有激情和想象力的乐园，你让每一个孩子在这里快乐地飞翔，就无人再去编造那些可笑的逃课理由！"①

我一直认为，教育者要有想象力。一个有想象力的人，才是一个善于创新的人。从这个意义上说，我们可以创造出无数节让学生记忆一生的课，这样的课是永无止境的，只要教育者的想象永无止境。

人有很强的适应性，在一个环境中生活久了，那些习以为常的事情常常被我们忽略，唯有变化，才会让我们重新感知。在这个急剧变化的世界中，我们感受到的不是事物本身，而是事物的变化。

兵法三十六计不是固定不变的，即使你背得滚瓜烂熟，也不一定能打胜仗。教育三十六计同样如此，别人的故事总是别人的精彩，自己的故事需要自己来书写。只有接受变化，主动变化，每一个人才能创造属于自己的三十六计。

【要诀】

* 在外部环境变化时，震撼教育的机会也就来临了。巧妙地运用这种外部环境，方能实施成功的教育。

* 学生的错误本身应当成为教师关注的中心，也可以成为重要的教育资源。

* 寻找学生的兴趣点，使其成为教育的主题，这会产生奇妙的效果。

* 始终怀揣一颗求变的心，尝试变化自己的外形，变化自己的心情，变化自己的方法。在变化中寻找教育的真谛。

---

①尤里斯. 想象就是力量 [J]. 视野，2007（17）：29.

后　记

　　这本书的创作灵感是在我读华东师范大学教育管理专业的在职硕士过程中产生的。我的硕士论文即以"震撼教育"为研究主题。导师冯大鸣教授对我钟爱有加，要求亦很严格。有两次我上课迟到，在路上就接到同学的电话，催促我快点到校。同学告诉我：冯老师说了，你不来的话他就不上课。这句话让我很震撼。冯老师为人谦和，他的幽默与诙谐、耐心与宽容让我度过了美好的读硕时光。

　　我的表弟王健当时在华东师大就读博士，读硕也是他给我的建议，我时常向他请教教育理论问题。弟妹邓睿博士温婉可人，对震撼教育却十分地不苟同。王健全然不顾，还是给予我很大的鼓励和帮助，这是兄弟情深。在创作本书的过程中，王健与邓睿也提出了很多指导意见，尤其对于如何界定感化与震撼的关系、如何判别震撼教育的三个特征等更是给出了具体的建议，本书部分采用了他们的意见。

　　源创图书策划人吴法源君也是华东师大出版社大夏书系的创始人，他目光敏锐，才华横溢，《班主任兵法》就是在他的策划下一炮而红的。这本书也是在他的鼓励和策划下问世的。

　　我不能算是一个非常主动的人，不到万不得已不会使尽全力。这大概也是我偏爱震撼教育的一个深层次原因。在这个世界上，我们常被无数的力量推动，要感谢那些推动你的人，没有他们，你可能还是停留在原地。

本书引用了大量案例，其中许多来自我日常喜欢的几本杂志，包括《班主任》《班主任之友》《教育博览》《基础教育》（上海）等。在此一并致谢。

万 玮

2010 年 4 月

出 版 人　所广一
责任编辑　杨　巍
装帧设计　刘桐华
责任校对　刘永玲
责任印制　叶小峰

图书在版编目（CIP）数据

班主任兵法3，震撼教育36计 / 万玮著. —北京：
教育科学出版社，2010.6（2025.7 重印）
ISBN 978 - 7 - 5041 - 5095 - 0

Ⅰ.① 班…　Ⅱ.① 万…　Ⅲ.① 小学—班主任—工作
Ⅳ.① G625.1

中国版本图书馆CIP数据核字（2010）第 107416 号

出 版 发 行	教育科学出版社			
社　　　址	北京·朝阳区安慧北里安园甲 9 号	邮　　编	100101	
总编室电话	010 - 64981290	编辑部电话	010 - 64989593	
出版部电话	010 - 64989487	市场部电话	010 - 64989009	
传　　　真	010 - 64891796	网　　址	http://www.esph.com.cn	
经　　　销	各地新华书店			
印　　　刷	运河（唐山）印务有限公司			
开　　　本	720 毫米 × 1020 毫米　1/16	版　　次	2010 年 6 月第 1 版	
印　　　张	13.75	印　　次	2025 年 7 月第 25 次印刷	
字　　　数	170 千	定　　价	39.80 元